Lonely planet

LO MEJOR · VIDA LOCAL · GUÍA PRÁCTICA

CÓRDOBA

DE CERCA

MARTA JIMÉNEZ ZAFRA

Calleja en el centro histórico.
LUCVI/ SHUTTERSTOCK ®

Sumario

Puesta a punto 4

Bienvenidos a Córdoba

¿Por qué al viajero le cuesta tanto olvidar el laberinto de Córdoba? Por la estrechez y el silencio de sus callejuelas, por los patios misteriosos que se entrevén y por la poesía que brota en cada esquina. Su trama urbana, llena de autenticidad, se abre al paseante en uno de los cascos históricos más antiguos y extensos de Europa. Volcada sobre el río y recortando su perfil en el telón de la sierra, Córdoba se saborea en múltiples dimensiones, entre el fluir de la historia y el bullicio de la vida.

La Mezquita-Catedral iluminada en la noche.
EZGI EROL/SHUTTERSTOCK©

Las mejores experiencias

Perderse en el bosque de columnas de la Mezquita-Catedral (p. 42)

SEAN PAVONE/SHUTTERSTOCK©

Caminar por la historia en el Puente Romano y su entorno (p. 48)

Adentrarse en el legado sefardí en la Sinagoga (p. 52)

AKTUBER/SHUTTERSTOCK

ALEKSANDAR TODOROVIC/SHUTTERSTOCK©

HANS GEEL/SHUTTERSTOCK©

Gozar de la luz y el color de la plaza de la Corredera (p. 76)

Viajar en el tiempo en Medina Azahara (p. 128)

Dónde comer

La cocina cordobesa saborea la historia, además de ofrecer conocimiento sobre la vida de las diferentes civilizaciones que habitaron la ciudad. Una gastronomía distinguida que tiene como productos clave el aceite, el trigo, la vid y las hortalizas, de los que parten sus platos más célebres. La cocina actual surge de la mixtura entre el pasado y el presente, mirando con talento hacia el futuro.

AS FOODSTUDIO/SHUTTERSTOCK©

Córdoba deliciosa

Sin olvidar el patrimonio monumental, muchos visitantes van a Córdoba por su gastronomía. La diversidad y el arraigo de sus platos tradicionales se pueden degustar en patios, azoteas y terrazas, en restaurantes y tabernas que también han sabido rescatar espacios históricos.

Estrellas extramuros

Noor, con sus tres estrellas Michelin, ha puesto Córdoba en el mapa de la cocina internacional gracias a sus menús andalusíes. Por su parte, El Choco, con una estrella, ofrece un híbrido de alta cocina y gastrobar. Para variar, ambos se encuentran en barrios obreros de la ciudad, Cañero y La Fuensanta (p. 109).

Tabernas y bares

El salmorejo, las berenjenas fritas con miel de caña y el flamenquín son los tres pilares de las tapas y raciones de los bares y tabernas cordobeses. A ellos se unen el pescaíto frito, los boquerones en vinagre y el sacrosanto guiso de rabo de toro. La ciudad está salpicada de tabernas y bares de gran calidad.

Desayunos

Es imprescindible conocer la diferencia entre el churro y el jeringo, la denominación de origen cordobesa de la porra. Los mejores están en un quiosco del Campo de los Santos Mártires (p. 65). Otro desayuno clásico es la tostada con aceite de la Subbética a la que se le puede añadir jamón, y para los que prefieren

NITO/SHUTTERSTOCK©

productos frescos, la zumería El Arbolito (p. 87) es su lugar. Aunque no hay nada como comenzar el día con un "be-sayuno" en el espléndido Patio del Posadero (p. 102).

Imprescindible

Bodegas Campos Un clásico que mima el producto en una sucesión de casas con patio. (p. 82)

El Churrasco Tanto de manera informal en la barra como en sus patios o salones, sus carnes y verduras son de otro mundo. (p. 60)

Bar Santos La cuña de tortilla más famosa de la ciudad. Pionera del *street food* tradicional que se come al calor de la Mezquita. (p. 62)

Miguelito Pescaíto de fritura perfecta en un bar del Campo de la Verdad, al otro lado del río, convertido en un clásico. (p. 62)

Tabernas que merecen una visita

Casa El Pisto Una de las tabernas con más solera que ofrece, además de vino, platos *haute couture* de la cocina cordobesa (p. 116).

Bodega Guzmán Bodega-taberna auténtica en la blanca calle Judíos (p. 64).

Sociedad de Plateros San Francisco Templo de bebedores del fino Montilla Moriles es una de las tabernas decanas (p. 87).

Taberna Salinas Esencia cordobesa en un lugar auténtico. (p. 85)

Cocina de autor y de mercado

El Bar de Paco Morales Creatividad con respeto a la materia prima; otro homenaje del chef estrella a su ciudad. (p. 118)

ReComiendo Comida *power* que hace regresar a la infancia feliz. (p. 136)

Terra Olea Ensalza y actualiza la riqueza gastronómica andaluza con producto local y filosofía lenta. (p. 118)

Barra y Mesa Recomendaciones del día y gran producto en el plato. Una joya. (p. 118)

Argus Cocina vasco-andaluza-francesa a un paso de la Mezquita. (p. 61)

Córdoba de los omeyas

Los emires y califas omeyas hicieron de Qurtuba la metrópolis más deslumbrante de Occidente entre los ss. VIII y X. Levantada sobre la ciudad romana, en ella vivieron sabios y filósofos que protagonizaron el primer renacimiento europeo. Junto al Guadalquivir se alzó uno de los prodigios de la arquitectura de todos los tiempos, la gran Mezquita de Córdoba, y en las estribaciones de Sierra Morena, Medina Azahara.

La ciudad inexistente

Las huellas de la Córdoba omeya se diluyen en la arqueología de la ciudad. Lo que fue medina árabe ahora se conoce como Judería y ni siquiera un centro de interpretación explica al viajero los siglos de mayor esplendor de la ciudad. En el imprescindible libro de Antonio Muñoz Molina, *Córdoba de los omeyas,* el escritor buscó aquella Córdoba en la ciudad ofreciendo detalles significativos de la vida cotidiana y la mentalidad de su sociedad.

La Córdoba de las tres culturas

Al cuestionado concepto de la ciudad de las tres culturas que a muchos les suena a una idealización de una teórica coexistencia pacífica, contesta la historia de esta ciudad: durante los años de poder islámico en Córdoba compartieron espacio musulmanes, judíos y cristianos, aunque con sus diferencias sociales e incluso jurídicas, además de religiosas.

Urbanismo

La sensación de laberinto forma parte del urbanismo andalusí y aún la esconden algunos lugares secretos de la antigua medina: como la calleja de la Hoguera, la del Pañuelo o la de Los Arquillos (o de los Siete Infantes de Lara), además de la popular calleja de las Flores.

Arquitectura

Mezquita Única en el mundo con una catedral en sus entrañas. Entrar en su bosque de columnas es hacerlo en otra dimensión. (p. 42)

DIEGO GRANDI/SHUTTERSTOCK©

Alminar de San Juan Es de los escasos ejemplos califales que aún permanecen en pie en el casco urbano. (p. 113)

Baños del Alcázar Califal Restos musealizados donde revivir los espacios de calma y vapor de los príncipes omeyas. (p. 56)

Baños árabes de Santa María Baños públicos andalusíes muy bien conservados, hoy convertidos en tablao flamenco. (p. 58)

Noria de la Albolafia Símbolo de la ciudad y todo un ingenio fluvial. (p. 50)

Alminar de Santiago Restos del alminar de una antigua mezquita de barrio en la torre de una iglesia medieval. (p. 96)

Arqueología

Medina Azahara Conjunto arqueológico con un moderno centro de recepción. La "ciudad brillante" del s. x. (p. 128)

Cercadilla Este yacimiento romano fue para Qurtuba parte del arrabal noroccidental urbanizado en el s. x. (p. 91)

Lavatorio de Almanzor La sala de abluciones de la mezquita del Almanzor duerme a la vista en el salón del Hotel Conquistador, frente a la Mezquita. (p. 58)

Estación de autobuses Uno de los pocos ejemplos de casa islámica se puede visitar en el patio interior de esta moderna estación. (p. 142)

Museos y centros árabes

Museo Arqueológico Entre las salas VII y VIII es posible repasar la historia de Qurtuba a través de multitud de piezas y enseres. (p. 82)

Casa Árabe La sede cordobesa de esta institución se ubica a dos pasos de la Mezquita en una espléndida casa mudéjar. (p. 59)

Torre de la Calahorra Alberga el Museo Vivo de Al-Ándalus, que muestra la coexistencia de las culturas judía, cristiana y musulmana en la Córdoba medieval. (p. 50)

Casa Andalusí Fechada en el s. xii, en ella se recrea la vida doméstica y el estilo de vida intimista de los habitantes de Qurtuba.

Patios

La manera de convivir en el pasado alrededor de un patio y el concurso que lo celebra cada primavera ha sido reconocido por la Unesco como Patrimonio Inmaterial de la Humanidad. Los árabes heredaron de los romanos el concepto de patio, mantenido a lo largo de los siglos en la arquitectura andaluza, unido al color de las flores. Aunque no todo son patios vecinales ni se disfrutan solo en primavera.

El patio tradicional

Suele poseer un oscuro zaguán con reja. Encalado en blanco, su pavimento lo constituyen pequeñas piedras de río formando artísticas labores, conocido como chino cordobés. Entre sus flores y plantas están el limonero, el jazmín, las gitanillas o plantas aromáticas como la albahaca y la hierbabuena.

Patios populares

Pasear por Córdoba significa encontrarse con el misterio de los patios que se entrevén tras una reja. En el Alcázar Viejo, la Judería y la Axerquía hay muy hermosos ejemplos, algunos tradicionales y otros modernos, que poseen vida floral más allá de la primavera.

Patios monumentales

Instituciones de todo tipo lucen patios que pertenecieron a antiguos hospitales, conventos o casas señoriales. Pese a ser monumentales, muchos no pierden su carácter popular. Algunos son memoria viva de la ciudad por su valor arqueológico, con columnas o capiteles provenientes, por ejemplo, de Medina Azahara.

Patios conventuales

Se los llama compás (de Santa Marta, de las Capuchinas o de Santa Isabel) y son los patios más secretos de Córdoba. Tal vez llamando a su puerta y con la mejor sonrisa, el viajero encuentre la complicidad de la madre portera y eche un vistazo a algunos.

Imprescindible

Patio de los Naranjos El patio de la Mezquita es el

NORADOA/SHUTTERSTOCK©

gran patio de la ciudad, "isla de sombra, silencio y perfume". (p. 46)

Posada del Potro El patio más literario del universo, descrito por Cervantes en el *Quijote*. (p. 79)

Palacio de Viana Doce patios más un jardín con múltiples variedades de plantas le han otorgado el título de "museo del patio". (p. 101)

San Basilio, 44 Abierta todo el año, esta antigua casa de vecinos del barrio del Alcázar Viejo es la sede de la Asociación Amigos de los Patios. (p. 71)

Trueque, 4 El conocido como Patio de Carmela, en el barrio de San Lorenzo, es hoy el Centro Cultural Inmaterial de los Patios de Córdoba. (p. 71)

Mayo, el mejor peor mes

En el mes de mayo cordobés ocurre todo. Un faro de flores y fiesta que atrae autobuses, trenes y aviones cargados de turistas. El Festival de los Patios Cordobeses es un concurso de patios donde participan muchos espacios privados que abren sus puertas al visitante. Lo que debería disfrutarse con calma, degustando el aroma de las plantas, oyendo el rumor del agua en silencio, charlando con sus propietarios y haciendo memoria de una forma de vida del pasado, se ha convertido en un ruidoso circuito lleno de colas y aglomeraciones que distorsionan la identidad de los patios cordobeses. Las buenas noticias son que la alegría de las flores también explota en otoño, con el festival Flora (p. 79), que existen rutas para ver algunos de estos patios vecinales durante todo el año y que están abiertos otros muchos fuera del concurso, secretos a los ojos de la mayoría y, casi siempre, con acceso libre.

Mercados y tiendas con sabor

La artesanía y los productos gastronómicos de la tierra, como el vino, el aceite y los ibéricos, son las mejores compras que se pueden hacer en una ciudad que aún mantiene un zoco artesano, mercados de abastos y mercadillos de flores o de objetos de coleccionista.

El saber del sabor

Vinos de Montilla Moriles, aceites de la Subbética, quesos de Zuheros o ibéricos de los Pedroches son los grandes productos de la tierra, a los que se unen delicias como confituras, las famosas regañás cordobesas para acompañar y, de postre, el pastel cordobés.

La artesanía del cuero

En la Judería existen talleres familiares especializados en productos de cuero como el cordobán o el guadamecí, las dos técnicas más empleadas en la ciudad. Una artesanía prácticamente desaparecida, procedente del s. X, que dio mucha fama a Córdoba.

La cerámica

Vasijas, cuencos y jarrones son algunos de los productos típicos de Córdoba que reflejan con sus colores las raíces musulmanas de la ciudad.

Artesanía

Zoco Municipal Tiendas de artesanos en torno a un patio situado en otro de los lugares mágicos de la Judería. (p. 67)

Meryan Esta firma enclavada en la postal de la calleja de las Flores es una empresa familiar dedicada a rescatar la tradición de los cueros de Córdoba: los cordobanes y los guadamecíes.

Baraka Tienda que recupera para Córdoba la cerámica califal y que tuvo la experta dirección de la gran ceramista Hisae Yanase (c. Manríquez).

Espaliú Firma cordobesa de dimensión internacional dedicada a las joyas en plata, con incrustaciones de piedras preciosas y semipreciosas. (p. 69)

Ceramicaycosas Ccecilia No, no hay faltas de ortografía en el nombre de esta tienda taller de objetos de cerámica personalizados, reciclaje de objetos

FARRIS NOORZALI/SHUTTERSTOCK©

antiguos, artesanía en cristal, plata e ideas para decoración (c. Tesoro, 6).

Mercados y mercadillos

Mercado de la Corredera
El mercado de abastos con más solera de la ciudad tiene un centro cívico en su planta superior. (p. 77)

Ecomercado Productos ecológicos, de proximidad y de comercio justo el primer sábado de cada mes. Su lema, "el campo que hace ciudad" (Bulevar de Gran Capitán).

Mercado de las Flores
Plantas, artesanía y talleres para niños cada domingo por la mañana en la plaza central del Jardín Botánico (entrada 1 €). (p. 21)

Mercado Victoria Espacio gastronómico para viajar por la cocina local e internacional sin salir de lo que hace más de un siglo fue una caseta de feria (paseo de la Victoria, 3).

Feria del libro antiguo
Histórica cita cultural de la ciudad cada otoño con ejemplares que se resisten a la tecnología y coleccionistas que prefieren acudir a la fuente original (bulevar del Gran Capitán).

Tiendas 'gourmet'

Ultramarinos Andalusí
Exquisita despensa de jamones, quesos, salazones, frutos secos y bacalao de Islandia desde finales del s. XIX (av. Manolete, 10 y av. Ronda de los Tejares, 7).

Ibéricos Covap Jamón, queso, ibéricos y detalles *gourmet* conforman la cesta de las tiendas de la gran cooperativa del valle de los Pedroches (c. Cruz Conde, 12).

Descubre Córdoba Productos netamente cordobeses, muy bien seleccionados, que van desde los embutidos de caza a las patatas fritas y las regañás (c. Moriscos, 10).

La ramita Vermú propio, AOVE, quesos, mermeladas y más de 300 referencias de vino, también en cajas de regalo (plaza de los Carrillos)

La casa de Pedro Ximénez
Tienda de vinos especializada en el PX y todos los productos derivados de este vino dulce (c. Corregidor Luis de la Cerda, 75).

La Córdoba escondida

Hay una ciudad más allá de los omeyas y más joyas que la Mezquita-Catedral y Medina Azahara. Perderse en la enredada trama de la Judería con calma puede provocar asombros inesperados, al igual que recorrer la Axerquía. Pero el auténtico patrimonio velado por el enorme peso de la historia de Córdoba es el contemporáneo. Las huellas de Rafael de La-Hoz, Pepe Espaliú y Equipo 57 también esperan al visitante.

Los pasos perdidos

Demasiados viajeros de nuestros días reducen su visita al circuito de los *must* que no deben dejar de visitarse en Córdoba. Una actitud que los lleva a perderse otras huellas, rincones y paisajes que bien valen una inmersión lenta en esta ciudad en la que hasta el futuro tiene raíces.

La ciudad contemporánea

'Salam' Caligrafía de metal que grita "no a la guerra" donada por el gran grupo de vanguardia salido de la ciudad, Equipo 57. En el parque de Miraflores. (p. 125)

Centro de Arte Pepe Espaliú Centro dedicado al artista cordobés contemporáneo con mayor proyección internacional que reúne 40 de sus obras. (p. 125)

Parque Figueroa Barriada geométrica del extrarradio proyectada por Rafael de La-Hoz, otro de los introductores de la modernidad en Córdoba. (p. 125)

Cámara de Comercio Una de las grandes obras de De La-Hoz, en cuya fachada colaboró Jorge Oteiza. (p. 125)

Cristo de Guillermo Pérez Villalta Una invitación al viajero a buscar en el pórtico del Patio de los Naranjos de la Mezquita una pintura contemporánea de un crucificado firmada por este artista del que es fan Pedro Almodóvar. (p. 43)

En el laberinto

Calleja de la Hoguera En plena Judería, esta calle en recodo con placita y sabor a medina árabe tiene hasta un alminar, el de la mezquita de los Andaluces.

Piedra Escrita Fuente barroca en la confluencia de Santa Marina, San Agustín y Las Costanillas, donde es fácil imaginar a las antiguas vecinas cogiendo agua. (p. 101)

Fuenseca Placita-postal de Córdoba, con fuente y torreón, donde se ubica el cine de verano del mismo nombre. (p. 104)

RENATA SEDMAKOVA/SHUTTERSTOCK©

Calle Cabezas Una de las callejas más hermosas de la ciudad, en suave curva y atemporal, donde el mundo es capaz de detenrse.

Calle Junio Galión Paso a través de la antigua muralla que separaba la medina de la Axerquía dedicado al cordobés que llegó a ser procónsul de Acaya y que fue hermano de Séneca.

Calleja de los Infantes de Lara También conocida como de Los Arquillos, a esta calleja de aroma árabe la rodea la leyenda.

Calle Julio Romero de Torres Calleja laberíntica y en recodo que conecta el Portillo con la plaza de Jerónimo Páez.

Cuesta de Pero Mato Escalinata con arriates en sus márgenes que llega hasta el Museo Arqueológico y que salva la colina en la que estuvo el antiguo teatro romano.

Tesoros cristianos

Portada de Santa Victoria Impresionante fachada neoclásica con cúpula de Ventura Rodríguez para una iglesia circular casi siempre cerrada. (p. 113)

Pinturas y rosetón de San Lorenzo Maravilloso ejemplo de arquitectura medieval cordobesa con rosetón gótico-mudéjar y frescos ítalo-góticos del s. xv en su altar. (p. 95)

Capilla de San Bartolomé La más exquisita muestra del arte gótico-mudéjar en Córdoba la encontramos en esta pequeña capilla anexa a la Facultad de Filosofía y Letras. (p. 58)

Alminar de Santiago En el interior de este templo medieval quedó bien visible la base del primitivo alminar de la mezquita de barrio que se alzó en este lugar en tiempos omeyas. (p. 96)

Verde que te quiero verde

Con Sierra Morena asomada a la ciudad y un puñado de rutas senderistas dentro del propio término municipal, el casco urbano también ofrece oasis de árboles y flores en formatos variados: parques, jardines, botánica y caminos que recorrer en los alrededores del río Guadalquivir.

La sierra y Trassierra

La desconocida sierra sobre la que Córdoba recorta su silueta se encuentra a solo 10 min, en coche o bus y un poco más andando, del casco urbano. Entre sus lomas se esconde un patrimonio natural lleno de color y vida, con paisajes inesperados de bosque mediterráneo, sotos más propios del norte, arroyos en galería y dehesas con un elevado valor botánico. A la barriada de Santa María de Trassierra, de donde parten muchas rutas, se puede llegar en 20 min vía autobús urbano.

Las veredas del río

Diferentes paseos urbanos permiten respirar y observar de cerca el Guadalquivir y su entorno natural. Hay rutas por los molinos del río, terrazas que bajan hasta la orilla, además del Monumento Natural de los Sotos de la Albolafia, una exuberante zona de fauna y vegetación. También merece la pena el camino de la Ribera Silvestre, en la que conviven lo natural y lo urbano río abajo por la margen derecha del Guadalquivir hasta llegar al puente de Ibn Firnás (p. 51).

Parques y jardines

Jardín-Huerto de Orive Idílico jardín en el corazón de la Axerquía con variedad de especies frutales, arbustos y aromáticas. (p. 100)

Parque de la Asomadilla Uno de los parques urbanos más extensos de Andalucía, con árboles y plantas autóctonas en una pradera natural.

GILLES RIVEST/SHUTTERSTOCK©

Jardines del Alcázar Históricos jardines para pasear con el rumor del agua de los estanques. Se pueden visitar de día y de noche. (p. 56)

Jardines de Colón En el centro de la ciudad se ubican estos jardines de variada flora y una pequeña mezquita en uso conocida como El Morabito.

Jardín de los Poetas Junto a la muralla almohade, este jardín fue diseñado por el miembro de Equipo 57 Juan Serrano, quien conjugó el jardín tradicional con el parque moderno.

Balcón del Guadalquivir Jardín en terrazas en la margen derecha del río sobre el que se posa un antiguo avión DC-7 que un día pretendió ser centro cultural.

Jardines de la Agricultura Estos jardines creados por los franceses a principios del s. xix se conocen como "de los patos", por los habitantes de su estanque.

Jardines de la Victoria y del Duque de Rivas A lo largo de la av. de la Victoria y República Argentina se extiende esta alfombra de palmeras y vegetación que alberga quioscos y pérgolas.

Jardín Botánico

Guadalquivir abajo, pasado el puente de San Rafael y asomándose al río, se encuentra el centro de la cultura vegetal de la ciudad: el Jardín Botánico. Recorrerlo es como transitar por un meandro de paz, de sombra y de gozo para los sentidos. En el paseo encontraremos el Arboretum, que simula un bosque natural, distintos invernaderos, un jardín tacto-olfativo, una escuela agrícola, el conservatorio con especies silvestres andaluzas o el Herbario, además de los museos de paleobotánica, de etnobotánica y el Museo Hidráulico.

Ciudad cultural

En Córdoba las rosas crecen en el subsuelo, según escribió Ortega y Gasset. Pero las aguas que trajeron a la urbe la cultura y la ciencia hace más de un milenio, convirtiéndola en la capital del mundo civilizado, aún fluyen y salpican la ciudad de nuestros días a través de festivales, citas culturales y arte callejero.

Cosmopoética

Cada otoño se celebra el Festival Internacional de Poesía Cosmopoética, Poetas del Mundo en Córdoba, un referente que atrae a un público diverso hasta la poesía. No faltan la música, las conversaciones con narradores, los talleres, las actividades infantiles ni los versos por toda la ciudad.

Flora

También en otoño, el Festival Internacional de las Flores conecta los patios tradicionales cordobeses con el arte floral contemporáneo. Con una temática diferente en cada edición, se invita a los principales artistas del mundo a realizar una obra *in situ* y reinterpretar el patio donde se ubica. El resultado es una mirada artística sobre lo floral, más allá de lo decorativo y festivo.

Orquesta de Córdoba

De la mano del maestro Leo Brouwer, esta orquesta comenzó su trayectoria hace casi tres décadas. Su temporada de abono y de conciertos extraordinarios se extiende de septiembre a junio en el Gran Teatro, aunque la formación suele formar parte de la vida de la ciudad en conciertos en las calles y las plazas.

Cines de verano

Cuatro cines históricos han logrado conservarse en el casco histórico, en la zona de la Axerquía –en San Andrés, San Lorenzo, la Fuenseca y Santa Marina–, convertidos en auténtica memoria cultural de la ciudad. El Coliseo es el más antiguo y lleva en activo desde 1935.

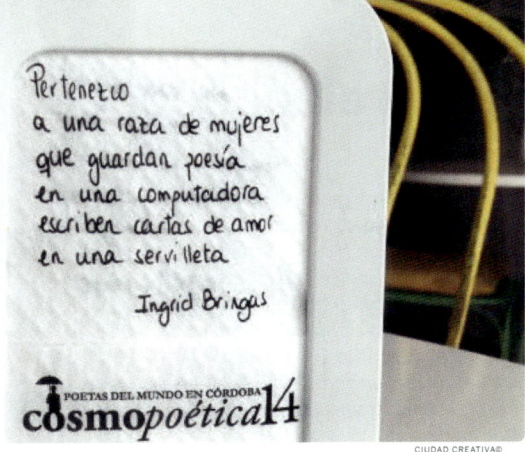

Pertenezco
a una raza de mujeres
que guardan poesía
en una computadora
escriben cartas de amor
en una servilleta

Ingrid Bringas

POETAS DEL MUNDO EN CÓRDOBA
cosmopoética14

CIUDAD CREATIVA©

Espacios y eventos

Bienal de Fotografía Cada dos primaveras se hace eco de algún apasionante debate estético sobre la fotografía.

Sala Vimcorsa La mejor sala de exposiciones de la ciudad se ubica en el palacete donde nació el duque de Rivas. (p. 113)

Filmoteca de Andalucía Posee dos salas, programación estable y fondos bibliográficos y videográficos. (p. 66)

Fundación Antonio Gala Residencia para jóvenes creadores ubicada en un antiguo convento del casco histórico. (p. 80)

Festival Internacional de Música Sefardí Festival de la Red de Juderías de España que pone a Córdoba en el centro del legado sefardí a través de la música.

Casa Góngora Casa-patio, situada en la calle Cabezas, con sala expositiva y centro de actividades literarias.

Biblioteca Grupo Cántico La mayor biblioteca de la ciudad está abierta a todos y, además de fondos diversos, ofrece talleres para todos los públicos.

Festival de la Guitarra

Cuando el calor aprieta, la guitarra abanica y hace revivir en las noches de julio. Este festival internacional, nacido en 1981 de la mano del flamenco Paco Peña, reúne cada verano a grandes guitarristas de todos los palos: flamencos, clásicos, eléctricos y acústicos en conciertos, talleres y charlas. El Gran Teatro, el Góngora y el teatro al aire libre de la Axerquía son los escenarios, y cada edición atrae a espectadores y guitarristas de todo el mundo.

Arte y museos

Aunque sus platos fuertes son omeyas, judíos y cristianos, Córdoba tiene una larga historia en la que se une la arqueología romana con la vida cotidiana en las diversas épocas históricas que ha atravesado la ciudad. Sus piezas y objetos duermen en museos que se entremezclan en una ruta en la que también sobresalen los centros de arte.

Museos de historia

Como en cualquier otro enclave milenario, aquí las civilizaciones se superponen, por lo que el gran museo de Córdoba es el Arqueológico, cuyas instalaciones albergan una mínima parte de las piezas encontradas en la urbe. Aun así, permite recorrer gran parte de la historia de la ciudad, desde la época romana hasta la Edad Media. Los patios y las esquinas del casco histórico también son museos vivos llenos de capiteles o miliarios, así como el Centro de Recepción de Medina Azahara. La historia más cotidiana y multicultural también tiene un hueco en las casas de Sefarad y en la Andalusí, así como en la Torre de la Calahorra.

Historia del arte

Barroco y arte contemporáneo conviven en una trama urbana donde las artes plásticas han latido en todas sus civilizaciones. El Museo de Bellas Artes ofrece el recorrido más completo por la historia de las artes plásticas cordobesas.

Justo enfrente está el museo monográfico dedicado al pintor más icónico de la ciudad, Julio Romero de Torres. El arte contemporáneo tiene su espacio tanto en el Centro de Arte Pepe Espaliú como en el Centro de Creación Contemporánea de Andalucía (C3A).

Viajes a través de la historia

Museo Arqueológico
Aparte de las joyas que expone, los cimientos y parte de la cávea (el graderío) del teatro romano de Corduba se encuentran bajo este museo. (p. 82)

DIEGO GRANDI/SHUTTERSTOCK©

Centro de Recepción de Medina Azahara Geométrico y semienterrado, esta es la primera parada antes de llegar al conjunto arqueológico con todo lo necesario para entender la visita. (p. 129)

Palacio de Viana Además de ser museo de los patios, su medio centenar de salones y galerías muestran notables colecciones de muebles, pinturas, tallas, tapices y porcelana. (p. 101)

Torre de la Calahorra Museo vivo de Al-Ándalus, su colección muestra la coexistencia de las culturas judía, cristiana y musulmana en la Córdoba omeya. (p. 50)

Puerta del Puente Monumento visitable con mirador al río y exposición permanente que ilustra su historia a través de una cuidada selección de textos e imágenes. (p. 49)

Casa de Sefarad Dedicada a la memoria sefardí de la ciudad, esta típica casa de vecinos cordobesa exhibe la exposición permanente "Memorias de Sefarad". (p. 59)

Centros de arte

Museo de Bellas Artes Su colección recorre pintura y escultura medieval, renacentista, manierista, barroca y contemporánea de grandes maestros cordobeses. (p. 79)

Museo Julio Romero de Torres La colección reúne 70 obras del pintor que supo "sentir y exaltar" todo el alma de su ciudad en los fondos de sus cuadros y en los ojos de sus mujeres. (p. 81)

Centro de Creación Contemporánea de Andalucía El C3A es un escultórico edificio colmena con fachada mediática que intenta acercar el arte contemporáneo a todo el mundo. (p. 125)

Centro de Arte Pepe Espaliú El artista que puso el virus del sida en el centro del arte fue uno de los cordobeses con mayor proyección internacional. (p. 125)

Fundación Botí Espacio dedicado al arte contemporáneo en plena Judería que también enfoca a la periferia provincial.

Para niños

Los cordobeses van con sus hijos a todas partes. Es normal encontrarlos en terrazas de bares y restaurantes, incluso de noche, o en plena bulla de Semana Santa. Además, Córdoba tiene un buen número de espacios abiertos y la sierra muy cerca, en donde los más pequeños pueden divertirse a su antojo. También hay un carril bici para recorrer casi toda la ciudad de forma segura.

Monumentos gratis

La mayoría de los monumentos son gratis para los menores, pero como el límite de edad varía, se aconseja llevar un documento identificativo. Los descuentos se suelen aplicar a los pequeños acompañados por adultos. Algunos ejemplos: la Mezquita es gratis para menores de 7 años (sin audioguía y acompañados de un adulto con entrada válida); el Museo Julio Romero de Torres y todos los municipales, hasta los 13 años;

y los de la Junta de Andalucía (Medina Azahara, la Sinagoga, Arqueológico o Bellas Artes) son gratis para los ciudadanos de la UE.

La Ciudad de los Niños y las Niñas

Parque infantil diseñado para que los más pequeños y adolescentes pasen grandes momentos. Tirolina, escalada, juegos de todo tipo, como un ajedrez gigante, disco holandés, Mezquita Vulcano, pistas de *skate*... Ningún niño querrá salir de allí.

(adultos/niños 2/1 €, gratis; ciudaddelosninos.cordoba.es)

Piragüismo en el Guadalquivir

La ciudad se ve diferente desde el río. Su patrimonio, los puentes, los Sotos de la Albolafia o el Jardín Botánico casi se pueden tocar navegando. La ruta en piragua por el Guadalquivir a su paso por Córdoba es toda una aventura, además de un descubrimiento. (☎ 687 799 595; piraguacordoba.es; actividades con cita previa)

WEREDRAGON/SHUTTERSTOCK©

Visitas

Mezquita No existe una visita específica para niños, pero pueden esconderse en el Patio de los Naranjos, jugar a contar las columnas de su interior o buscar la cara del califa en el mihrab. (p. 42)

Karting & Escape Room Karting Córdoba posee una pista cubierta en el polígono de Chinales y la otra al aire libre en Villafranca, cerca de la ciudad. En la primera, ofrecen una Escape Room donde resolver un asesinato.

Castillo de Almodóvar Este castillo a 25 km de la ciudad fue Altojardín en la serie *Juego de tronos*. Está muy bien conservado y los niños se sienten en la Edad Media. (p. 136)

Museo de la Alquimia Puerta abierta al fascinante arte químico de la alquimia en plena Judería (museode laalquimia.com).

Posada del Potro Aparte de disfrutar de este hermoso patio, el Centro Flamenco que alberga permite, entre otras cosas, tocar un cajón con auriculares para seguir el compás. (p. 79)

Naturaleza encendida. Raíces Espectáculo nocturno e inmersivo, con proyecciones, agua y luz, en los jardines del Alcázar. (p. 56)

Al aire libre

Río Secreto Aventura En Hornachuelos, a 1 h en coche de la capital, este parque multiaventura enclavado en plena naturaleza permite desde un salto al vacío a yincanas deportivas.

Aquasierra Parque acuático con todo tipo de atracciones más la "lengua del dragón". Está en Villafranca, a unos 30 km de la capital.

Zoológico Uno de los primeros zoos creados en España, cuenta con 437 ejemplares de 102 especies diferentes.

Jardín Botánico Plantacuentos o talleres medioambientales para niños sobre biología o la agricultura en el huerto forman parte de la visita para los más pequeños. (p. 21)

Parque de Miraflores Un barco donde jugar varado junto al Guadalquivir, bajo la Torre de la Calahorra, es el mayor atractivo de este parque fluvial.

Jugar en la Corredera El gran espacio peatonal de la plaza grande de Córdoba permite correr, saltar y esconderse en los soportales. (p. 76)

Vistas desde los tejados

En "Córdoba la llana" se complica obtener una buena vista de su entramado sin subir a alguna atalaya, pero la ciudad guarda sorpresas. La mejor es la torre de la Mezquita, pero hay más. Para disfrutar de una panorámica del río a su paso por el centro histórico se recomienda la Puerta del Puente o la Calahorra, sin olvidar la cercana sierra, cuya vista alcanza toda la campiña.

BLAZE PRO/SHUTTERSTOCK ©

Entre el cielo y el suelo

Torre campanario de la Mezquita-Catedral El punto más alto de Córdoba para disfrutar de vistas desde el cielo: 360 grados sobre la ciudad. (p. 46)

Puerta del Puente Su azotea descubre un espectacular mirador sobre el Guadalquivir y la campiña. (p. 49)

Torre de la Calahorra Este castillo ofrece insuperables vistas de la Mezquita y el Guadalquivir. (p. 50)

Mirador de Osario Romano Espectaculares vistas desde esta atalaya en el Campo de la Verdad.

Balcón del Guadalquivir Este parque en la margen derecha del río ofrece una panorámica insuperable de la ciudad.

Mirador del Parque de la Asomadilla En este platillo volante en la parte alta del parque parece que se aterriza en la ciudad desde el extrarradio.

Con una copa

Hotel Balcón del Mundo Las vistas de la Mezquita desde esta terraza situada en los tejados de la Judería son sensacionales.

Hotel Eurostar Palace El "oxidado", como se conoce en Córdoba a este edificio, descubre vistas desde su glamurosa azotea de la Judería y los jardines de la Victoria.

Balcón del Mundo

Desde la cercana sierra se divisan las vistas más espectaculares. En Las Ermitas, un magnífico mirador conocido como Balcón del Mundo, uno se queda suspendido sobre la campiña cordobesa y en los días claros se distingue el horizonte de Sierra Nevada. Está presidido por un enorme Sagrado Corazón cuya iluminación nocturna lo hace visible desde Córdoba (p. 134).

Gratis

En Córdoba se pueden hacer muchas cosas sin tener que rascarse el bolsillo: museos, monumentos a determinadas horas, iglesias y, por supuesto, pasear por sus parques y jardines, por el río y por la sierra. Además, calles y plazas albergan con el buen tiempo espectáculos de flamenco, artes escénicas, conciertos o poesía.

JOSERPIZARRO/SHUTTERSTOCK ©

Quien madruga, no paga en la Mezquita

Se aconseja madrugar en Córdoba, no solo porque hace menos calor y la luz es hermosa, sino porque de 8.30 a 9.30, que empieza la misa, la entrada a la Mezquita es gratis de lunes a sábado, excepto en días de celebración extraordinaria.

Siempre gratis (ciudadanos UE)

Medina Azahara La entrada es gratuita. Solo hay que pagar el bus que lleva allí (2,50 € ida y vuelta). (p. 128)

Sinagoga Única en Andalucía y con entrada libre. (p. 52)

Museo de Bellas Artes La historia de las artes plásticas cordobesas. (p. 79)

Museo Arqueológico Joyas de época prerromana, romana y árabe. (p. 82)

Centro Flamenco Fosforito En la Posada del Potro, este centro permite entender algo más de flamenco. (p. 79)

Centro de Creación Contemporánea (C3A) Arte contemporáneo y acciones de música o cine. (p. 125)

Caballerizas Reales La visita es gratis y se cobra entrada por el espectáculo ecuestre de la tarde-noche. (p. 56)

Casa Árabe Las exposiciones y la maravillosa Casa Mudéjar que la acoge tienen entrada libre. (p. 59)

Centro de arte Rafael Botí Exposiciones de arte contemporáneo en plena Judería.

Fundación Antonio Gala Residencia para jóvenes artistas en un antiguo convento con exposiciones temporales. (p. 80)

Molinos de Martos y de San Antonio Molinos del Guadalquivir musealizados. (p. 50)

Patios de la calle San Basilio (nº 20 y 44) Patios cordobeses del Alcázar Viejo abiertos todo el año. (p. 77)

Zoco Municipal Artesanía cordobesa entre patios y callejones de la Judería. (p. 67)

Con horario gratis

Palacio de Viana Se puede entrar gratis los miércoles de 14.00 a 17.00.

Filmoteca de Andalucía Visitarla es gratis y para ver películas hay que pagar (0,90 €) excepto los sábados.

Vida nocturna

A los cordobeses les gusta trasnochar. El clima suave del que goza el valle del Guadalquivir durante casi todo el año parece sacar a la gente de sus casas y las terrazas funcionan casi sin descanso. De jueves a domingo, bares y restaurantes suelen estar llenos y la fiesta continúa después, especialmente en la zona del centro, la Ribera y el Vial.

No todo son copas y fiesta

En Córdoba de noche se puede hacer casi de todo. Visitar monumentos como la Mezquita o el Alcázar, que tienen visita nocturna (el Alcázar solo con el buen tiempo y en la Mezquita mejor no creerse demasiado lo que se cuenta en la audioguía), darse un baño en un *hammam* de la Judería, dar evocadores paseos nocturnos por el casco histórico y, en época estival, disfrutar de una película en los cines de verano históricos de la Axerquía.

Dónde ir

Amapola Copas, comida, cócteles y la mejor música en un clásico que mira al Guadalquivir. (p. 88)

Limbo Una antigua casa de gruesos muros, con patio y azotea, pequeña sala de conciertos y sabor donde todo pasa lento. (p. 108)

Automático El bar del músico y productor Fernando Vacas es el espacio de la tribu *indie* en la ciudad desde hace varios lustros. (p. 108)

Hangar Sala de conciertos y bar para bailar hasta altas horas en el Vial.

Long Rock Sala para fans del *rock* y del pop con conciertos, cuidada decoración y lugar para bailar y cantar a voz en grito. (p. 121)

Jazz Café Templo del *jazz* y el *blues* en Córdoba que programa *jam sessions* algunos días laborables. (p. 88)

Glacé Cócteles de autor, cafés y helados en un local minimalista.

Glam Bar de ambiente cuyo lema es: ¿bailamos? El glamur es todo suyo.

Ambigú de la Axerquía Bar del teatro al aire libre con una programación estable e interesante de pequeños conciertos.

Café Málaga Lugar de copas y sala de música en directo, donde reina y programa la actriz Marisol Membrillo y su marido, Fernando Ortiz.

Flamenco

Peñas flamencas y tablaos, el gran Concurso Nacional de Arte Flamenco y una popular Noche Blanca dedicada a este arte, además de museos, lutieres, una cátedra del flamenco y cante, baile y zapateado por las esquinas con el buen tiempo, convierten a Córdoba en capital del flamenco.

VDV/SHUTTERSTOCK ©

Flamenco en tablaos y peñas

Los tablaos y las peñas flamencas, lugares de culto de este arte, son los mejores escenarios donde ver flamenco. Espacios en los que confluyen los cantes profundos, la guitarra que los acompaña, el ímpetu del zapateado y las palmas y los bailes de los artistas. La ciudad está salpicada de ellos.

El Rincón del Cante La peña más antigua de Córdoba hermanada con una más joven, El Almíbar, donde vivir noches flamencas memorables.

El Cardenal Uno de los tablaos más importantes de Córdoba, ubicado en una casa del s. XVII. (p. 66)

Arte y sabores Lo mejor de este tablao es donde se ubica: unos antiguos baños árabes de época andalusí a un paso de la Mezquita.

Patio de la Judería Cenas cordobesas en un patio cordobés con cante y baile flamenco. La tormenta perfecta.

Citas y lugares

Concurso Nacional de Arte Flamenco De carácter trianual, es heredero del Cante Jondo de Granada creado por Lorca y Falla.

Noche Blanca del Flamenco Una larguísima noche de junio llena de

conciertos por toda la ciudad por donde han pasado las grandes figuras de todos los palos.

Cátedra de Flamencología El flamenco también tiene su parte académica en la Universidad de Córdoba, donde se organizan conferencias y recitales.

Centro Flamenco Fosforito En la Posada del Potro, este centro didáctico permite algo tan difícil como entender los palos flamencos y su historia. (p. 79)

Guitarras José Rodríguez El constructor de guitarras flamencas más famoso de la ciudad ha hecho guitarras para Paco de Lucía y Vicente Amigo, entre otros (c. San Pablo, 10).

Cuatro días perfectos

Día 1

MARCO PERETTO/SHUTTERSTOCK©

La visita parte de la **Mezquita-Catedral** (p. 42), sin olvidar subir a la **torre** (p. 46) ni pasear por el **Patio de los Naranjos** (p. 46).

Hay que tomarse una cuña de tortilla en **Santos** (p. 62) y beber un botellín de cerveza La Mezquita en alguna terraza. Una buena opción para almorzar es **El Churrasco** (p. 60). Se puede subir a tomar un té a la terraza del hotel **Balcón de Córdoba** (p. 45) o entrar en alguna de las teterías de la Judería y perderse por sus calles.

La tarde es para visitar la **Sinagoga** (p. 52) y los **baños califales** (p. 56), relajarse al anochecer en algún **'hammam'** (p. 68) y cenar comida sefardí en **Casa Mazal** (p. 62), para terminar con un cóctel en **Horno de San Luis** (p. 66).

Día 2

TRABANTOS/SHUTTERSTOCK©

Se comienza por el **Puente Romano** (p. 48) y su entorno, con parada en la **Torre de la Calahorra** (p. 50) y su museo de Al-Ándalus. Los **caminos del río Guadalquivir** (p. 51) ofrecen varias rutas verdes y el encuentro con la contemporaneidad de la escultura **'Salam'** (p. 125), de Equipo 57, y con el **Centro de Creación Contemporánea (C3A)** (p. 125).

Tras almorzar en **Amaltea** (p. 62) o en la terraza de **La Furgo** (p. 63) hay que ir a los patios del Alcázar Viejo y visitar el **Alcázar de los Reyes Cristianos** (p. 56) y sus jardines. El espectáculo *Pasión y Duende del Caballo Andaluz* en las **Caballerizas Reales** (p. 56) y una cena de pescaíto frito en **Miguelito** (p. 62), al otro lado del río, pondrán la guinda a un gran día.

Día 3

ROMAN SIGAEV/SHUTTERSTOCK©

Día 4

DAVID ACOSTA ALLELY/SHUTTERSTOCK©

La **plaza de la Corredera** (p. 76) es el único ejemplo de plaza mayor andaluza. Desde ahí se puede partir de **ruta por las iglesias medievales** (p. 94) de Córdoba, en el barrio de la Axerquía. Hay que tomarse una copa de vino en una de las tabernas decanas de la ciudad, la **Sociedad de Plateros San Francisco** (p. 87), y comer en un clásico, **Bodegas Campos** (p. 82).

Pasar la tarde en el **palacio de Viana** (p. 101), paseando por sus 12 patios y jardines, ver atardecer en la postal de la **cuesta del Bailío** (p. 116) y en la **plaza de Capuchinos** (p. 116), con el Cristo de los Faroles en el centro, puede derivar en un síndrome de Stendhal que se cura cenando en **Los Berengueles** (p. 117) y tomando una copa en el **Limbo** (p. 108).

En **Medina Azahara** (p. 128), en las estribaciones de Sierra Morena, se visita el Centro de Recepción de Visitantes, que tiene museo y audiovisual; de allí, un autobús lleva al conjunto arqueológico a menos de 2 km. Se puede almorzar en su cafetería o subir al *food truck* de **KalmaChicha** (p. 136).

Desde allí o desde la cercana barriada de Trassierra parten varias **rutas por la sierra cordobesa** (p. 134). Si se prefiere volver a Córdoba, la tarde puede ser maravillosa entre el patrimonio natural del **Jardín Botánico** (p. 21) o entre las joyas del **Museo Arqueológico** (p. 82) en una ciudad con tantos estratos de historia. Un lugar perfecto para cenar tras la intensa jornada es **Barra y Mesa,** en el centro (p. 118).

Lo esencial

Para más información, véase 'Guía práctica' (p. 139)

Moneda
Euro (€)

Idioma
Español

Visado
No suele necesitarse para visitas de hasta 90 días en un periodo de seis meses. Algunas nacionalidades necesitan visado Schengen.

Dinero
Hay cajeros automáticos en todos los barrios. Casi todos los locales aceptan tarjetas de crédito y débito.

Teléfonos móviles
Las tarjetas SIM se encuentran fácilmente; pueden usarse en terminales europeos.

Hora local
Europea occidental (GMT/UTC + 1 h en invierno, 2 h en verano).

Propinas
Taxis: se redondea al euro más cercano. Restaurantes: no hace falta, pero se agradece; 2 € está muy bien.

Presupuesto diario

Económico: hasta 90 €
Habitación doble en hostal o pensión: 50-70 €

Almuerzo de menú barato: 9-15 €

Visitas a museos gratis

Precio medio: 100-150 €
Habitación doble en hotel de precio medio: 80-120 €

Comidas en restaurante medio o de tapas: 15-22 €

Entrada a museos: 8-12 €

Precio alto: desde 150 €
Habitación doble en hotel de cuatro o más estrellas: más de 120 €

Almuerzo o cena en buenos restaurantes: 50 €

Cócteles: 8-15 €

Antes de partir

Tres meses antes Reservar cuanto antes el hotel, especialmente para Semana Santa y el mes de mayo; comprar entradas de conciertos o teatro y reservar en restaurante Noor (noorrestaurant.es)

Un mes antes Reservar las visitas a la Mezquita, el espectáculo de Córdoba Ecuestre o algún circuito de patios.

Una semana antes Revisar la oferta de exposiciones temporales y conciertos; reservar las entradas para Naturaleza encendida: Raíces.

Cómo llegar

Córdoba se encuentra muy bien comunicada con el resto de España a través del eje radial de la A-4. Además, la comunicación con Sevilla, Málaga, Granada, Madrid, Valencia, Alicante y Barcelona resulta especialmente cómoda a través de los trenes de alta velocidad (AVE, Avlo e Iryo). La ciudad también cuenta con aeropuerto con algunos vuelos regulares.

🚌 Estaciones de trenes y de autobuses

Existen paradas de taxis y de bus en ambas estaciones, que se encuentran una frente a la otra y muy céntricas. La carrera mínima ronda los 4 ,40-5,50 €. Existe servicio de radiotaxi 24 h (📞957 764 444 / 957 789 789)

En los vestíbulos de la estación de trenes y de autobuses hay cajeros automáticos y oficinas de alquiler de vehículos y de información turística.

Cómo desplazarse

Con unas dimensiones y características de escala humana, Córdoba es ideal para recorrerla caminando, aunque existen una variedad de opciones ecológicas y motorizadas.

🚌 Autobús urbano

La red municipal de autobuses urbanos (www.aucorsa.es) conecta el centro con todos los barrios de la ciudad. Hay servicios especiales a las barriadas periféricas, incluida la sierra, y los viernes y sábados hay servicio nocturno a partir de las 22.00. En la *app* y en la web de Aucorsa ofrecen información fiable y en tiempo real del paso de los autobuses por cada parada. (billete sencillo 1,30 €; bonobús de 10 viajes 7,20 €)

🚌 Autobús turístico

Cuenta con varios paquetes, algunos con entradas a monumentos. El básico, Iconic, con dos visitas guiadas a pie, cuesta 22 € por día. Permite subir y bajar en todas las paradas con el billete ilimitado, existen dos rutas y cuenta con audioguías en 11 idiomas. Cuenta con paradas en puntos de interés de la ciudad y se puede crear un itinerario propio entre las dos líneas. Se trata de una forma panorámica, poco ecológica y algo invasiva de recorrer Córdoba. Se aconseja evitar la parte superior de los buses cuando el sol aprieta. (city-sightseeing.com/cordoba ⏱9.30-20.30; desde 22 €).

🚲 Bicicleta

Córdoba cuenta con más de 35 km de carriles bici y existen una serie de rutas para dar a conocer a dos ruedas el patrimonio natural de "Córdoba la llana". Varias empresas ofrecen estas rutas guiadas. También existen circuitos privados que sustituyen la bici por un Segway.

Barrios
de Córdoba

El centro (p. 111)
El epicentro comercial
también esconde
huellas históricas,
finas estampas
patrimoniales
y tabernas de pura
cepa, además
de locales nocturnos.

**La Judería y el
Guadalquivir (p. 41)**
Además de visitar
la Mezquita o el Puente
Romano, pasear
por las intrincadas
callejuelas de la Judería
ofrece gratas
sorpresas, también
gastronómicas.

Sinagoga

*Mezquita
Catedral*

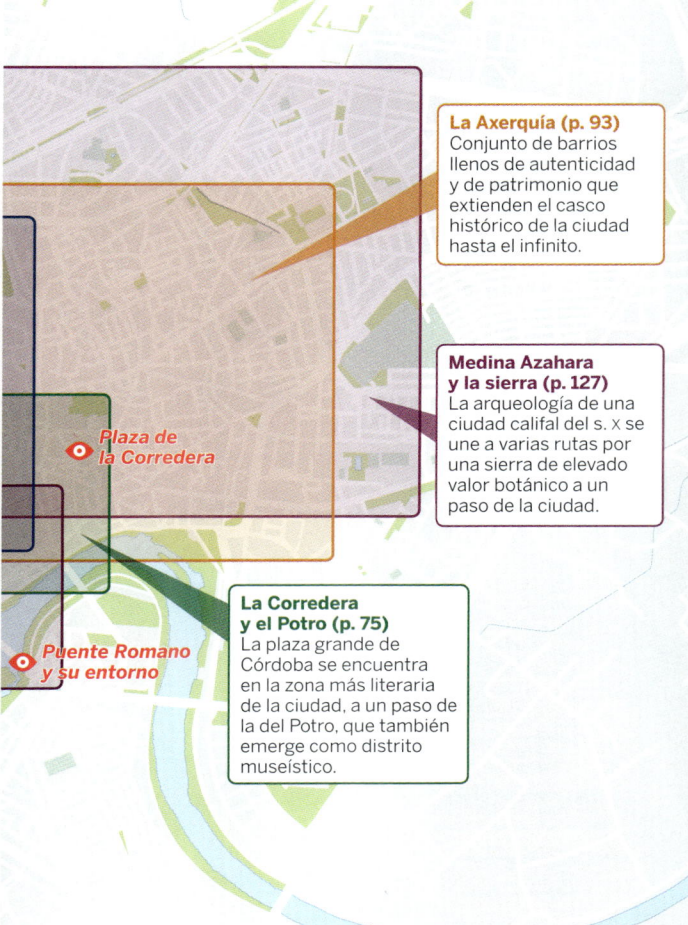

La Axerquía (p. 93)
Conjunto de barrios
llenos de autenticidad
y de patrimonio que
extienden el casco
histórico de la ciudad
hasta el infinito.

**Medina Azahara
y la sierra (p. 127)**
La arqueología de una
ciudad califal del s. X se
une a varias rutas por
una sierra de elevado
valor botánico a un
paso de la ciudad.

*Plaza de
la Corredera*

**La Corredera
y el Potro (p. 75)**
La plaza grande de
Córdoba se encuentra
en la zona más literaria
de la ciudad, a un paso de
la del Potro, que también
emerge como distrito
museístico.

*Puente Romano
y su entorno*

Explorar
Córdoba

Circuitos a pie 🚶

Patio tradicional cordobés.
SERENITY-H/SHUTTERSTOCK©

Explorar
La Judería
y el Guadalquivir

El río Guadalquivir se ensancha en Córdoba y continúa siendo el pulmón natural que invitó a establecerse aquí a romanos, árabes, judíos y cristianos. Son las aguas que trajeron la cultura y la ciencia convirtiéndola en la capital del mundo civilizado. En su orilla se alza la híbrida Mezquita-Catedral, un edificio que une Oriente y Occidente y en el que han dejado su huella todas las culturas que habitaron la ciudad. Un faro multicultural declarado Patrimonio Mundial en 1984.

Lo esencial

● **Mezquita-Catedral (p. 42)** *La gran mezquita omeya posee una catedral cristiana en sus entrañas. Gran testigo de la historia, conforma el ADN de Córdoba.*

● **Puente Romano y entorno (p. 48)** *Con más de dos mil años en uso, esta primera vía sobre el Guadalquivir se rodea de rutas y paseos en su orilla.*

● **Judería (p. 57)** *En el laberinto de la hoy llamada Judería existe una parte de la antigua medina árabe. Hay que perderse por sus blancas callejuelas.*

● **El Churrasco (p. 60)** *El restaurante con más solera de la Judería está especializado en verduras y carnes a la brasa.*

Cómo llegar y desplazarse

🚌 La Ribera o la medialuna del paseo de la Victoria son los lugares ideales por la cercanía a esta zona de la Judería y el Guadalquivir para bajarse del bus urbano y caminar escasos metros. Las líneas: 2, 3, 5, 7, 9, 12.

Plano de la zona en p. 54.

Exterior de la Mezquita-Catedral (p. 42).

Las mejores experiencias 📷

Perderse en el bosque de columnas de la Mezquita-Catedral

Los cordobeses lograron salvar de la destrucción este asombroso espacio alabado por los grandes arquitectos contemporáneos. El templo, la única mezquita del mundo que alberga una catedral en sus entrañas, lleva en activo desde el s. VIII. En su interior conviven el arte omeya junto a los estilos gótico, renacentista y barroco de la construcción cristiana.

◎ PLANO P. 54, E3

mezquita-catedraldecordoba.es

c. Cardenal Herrero 1

☎ 957 47 05 12

adultos/reducida/niños/familias
13/10/7/5 €

🕐 10.00-19.00 lu-sa, 8.30-11.30 y
16.30-19.00 do y fest; 10.00-14.00
24, 25, 31 dic y 1 ene.

🚌 3 y 12, parada Puerta del Puente

Un solar mítico

El lugar que hoy ocupa la Mezquita-Catedral podría haber estado dedicado desde antiguo al culto de diferentes divinidades del panteón romano. Eso narra el mito, porque la realidad es que no existen evidencias arqueológicas ni documentales de ningún templo romano en este lugar. Tan solo hipótesis sobre la presencia de algún tipo de santuario dedicado a divinidades orientales como Hércules, dada su cercanía al río Betis. Otra leyenda que por desgracia aún tiene presencia en la narración del propio templo omeya es la de la basílica cristiana de San Vicente, supuestamente enterrada bajo el oratorio de Abderramán I. Las últimas investigaciones desdicen la existencia de esta basílica y apuntan a un supuesto complejo episcopal visigodo bajo la Mezquita.

Las distintas fases del bosque de columnas

Penetrar en el interior de este templo provoca una sensación de fascinación en el visitante por lo inesperado. El conjunto de columnas y elegantes arcos de herradura encabalgados y bicolores, de gran efecto cromático, es el signo de identidad del edificio y de la ciudad. Su dimensión da la sensación de multiplicar el mágico lugar hasta el infinito. El templo se divide en cinco zonas, la primera mezquita de Abderramán I, comenzada a construir en el 786, y las diferentes ampliaciones hacia el sureste realizadas por Abderramán II, iniciadas en el s. IX, y por Alhakén II ya en el s. X. La extensa ampliación oriental de Almanzor en el 991 fue la última intervención omeya en el recinto. La catedral barroca en el centro, iniciada en época moderna durante el reinado de Carlos V, junto con las capillas de Villaviciosa y la Real, además de las capillas cristianas que cierran el enorme perímetro espacial, constituyen las aportaciones cristianas al edificio.

★ Pista

o Buscar en el Patio de los Naranjos la planta, dibujada en el suelo, donde estuvo situado el primer alminar de la primitiva mezquita. Fue construido por el emir Hixem I.

o En 1958 cincuenta semillas de naranjo de este patio viajaron para ser plantadas en el Parque Memorial por la Paz de la ciudad japonesa de Hiroshima.

o En una de las crujías del pórtico del patio están expuestas las vigas de la mezquita primitiva y, algo más escondida, una pintura contemporánea de un crucificado firmada por Guillermo Pérez Villalta.

o Las cuatro celosías de madera que cierran el oratorio de Abderramán I en el muro norte del templo son obra del arquitecto Rafael de La-Hoz, una intervención que data de 1972.

"Usted está en una catedral"

Esta frase la escuchará repetidamente el visitante por megafonía, no vaya a ser que se confunda por lo que ven sus ojos. La visión "occidental y cristiana", en palabras propias del Cabildo Catedral de Córdoba, que esta institución intenta imponer en un monumento de naturaleza híbrida lleva más de una década generando controversia ciudadana y científica a escala internacional. El visitante advertirá cómo se ha colonizado el espacio islámico por imaginería católica, que va en aumento en el muro de la quibla. Una manera de desvirtuar las señas de identidad andalusíes por el que este monumento es reconocido mundialmente. Lo mismo ocurre con la narrativa de las audioguías, del espectáculo nocturno y de algunos guías del templo, por eso se aconseja verificar la información recibida, además de contratar a intérpretes del patrimonio, expertos en arte y arqueología, a quien decida realizar una visita guiada. Las que ofrecen Amedina Córdoba, Qurtuba y Arte en Córdoba son muy recomendables.

"¿Cómo se inventó un espacio tan alucinante?"

Esta pregunta se la planteó el célebre arquitecto Jacques Herzog en una de sus visitas al templo omeya. El hecho de no poseer una nave central ni espacios principales ni subsidiarios, como ocurre en la arquitectura clásica, convierte la sala de oración de la Mezquita de Córdoba en un lugar "muy contemporáneo", según este arquitecto, galardonado con el Premio Pritzker. La fórmula de la doble arcada proviene de la influencia de los acueductos de Roma, civilización de cuyos edificios se aprovecharon materiales de acarreo tanto en la mezquita original como en su primera ampliación.

El mihrab

La cámara que constituye el mihrab es el lugar más sagrado de la Mezquita. Se encuentra en la quibla, el muro sacro de los templos musulmanes que siempre se orienta a La Meca. Sin embargo, en Córdoba este muro mira al sur, al río Guadalquivir, un hecho que constituye otro de los enigmas del antiguo templo omeya. La rica decoración del mihrab, con mármoles, yeserías, cerámicas y decoración de mosaicos brillantes, demuestra cómo ideas orientales de procedencias diversas —bizantinas, arábigas y persas— acabaron viajando a la arquitectura andalusí.

La catedral

En junio de 1236 tuvo lugar la conquista cristiana de la ciudad y la Mezquita Mayor quedó consagrada como catedral bajo la advocación de Santa María. La primera catedral física en el interior de la Mezquita fue gótica y se construyó en época de los Reyes Católicos bajo los lucernarios de Alhakén II, en un espacio hoy convertido en la capilla de Villaviciosa. En el s. XVI comenzó la construcción del crucero de la actual catedral cristiana, lo que supuso una ruptura con los fundamentos espaciales islámicos. No en vano, la propuesta fue polémica y provocó duros enfrentamientos, a favor y en contra, entre diferentes ciudadanos ilustres de la época. Los estilos gótico humanista y barroco conviven en esta catedral cuya construcción se finalizó en el s. XVIII con la sillería del coro.

Cúpulas y lucernarios

Algunas voces sitúan el primer Renacimiento europeo en la Córdoba de Alhakén II por la singularidad, el atrevimiento y la adelantada modernidad de la decoración y la ingeniería de su ampliación del templo. Al entrar en este espacio de la Mezquita, la luz de cuatro lucernarios situados de forma estratégica guían hacia el lugar más importante del recinto: el mihrab. Las primeras cúpulas monumentales de arcos cruzados de la historia están en la macsura, el espacio delante del mihrab reservado para el califa y su familia. A ello se añaden las combinaciones de arcos de herradura, de medio punto y polilobulados que se entrecruzan en la más espléndida ampliación del templo.

Góngora y el Inca Garcilaso

Estos dos príncipes de las letras habitaron la Córdoba de finales del s. XVI y principios del s. XVII. Ambos están enterrados en la Mezquita. Los restos de Luis de Góngora, que fue canónigo de esta catedral, se hallan en una urna en la capilla de San Bartolomé, situada en el muro de la quibla. Algunos cordobeses acuden a leer sus poemas en el aniversario de su muerte, ocurrida el 23 de mayo de 1627. En la capilla de Ánimas yace el Inca Garcilaso de la Vega, nacido en

★ Consejos

o Calzado cómodo y buena forma para subir a la torre. Equivale a 12 plantas sin ascensor.

o Al ser un templo católico, no está permitido el rezo musulmán ni de otra creencia. Quien lo practica es expulsado sin ninguna cortesía.

o Planear la visita de forma que no coincida con las grandes celebraciones religiosas de la catedral. Chequear que no haya cultos que veten la entrada al resto del monumento; lo mejor es consultar los horarios en la web.

✕ Una pausa

Lounge Bar del hotel Balcón de Córdoba (☏ 957 498 478; c. Encarnación, 8) Las vistas de la Mezquita desde esta terraza situada en los tejados de la Judería son sensacionales mientras se saborea un té moruno o un cóctel.

La torre campanario de la Mezquita-Catedral

La **torre cristiana** (3€ solo a la torre; ◷ 9.30-18.30, pase cada 30 min) de la Mezquita data de finales del s. XVI y envuelve al antiguo alminar árabe construido en época de Abderramán III, en el s. X. Los restos de aquel antiguo alminar se pueden ver al subir a la torre cristiana en una muestra más del respeto que los estratos de la historia de este edificio han tenido con sus predecesores. Entre lo más destacado de su arquitectura se encuentra la serliana, estructura de vano-arco-vano rematada por óculos del cuerpo central de campanas. Esta torre es el punto más alto de Córdoba gracias a sus 54 m, y desde sus diferentes cuerpos y balcones se disfruta de una vista desde el cielo de la ciudad: 360 grados de plano aéreo sobre la Mezquita y el Patio de los Naranjos, la sierra y la campiña, el río y toda la urbe. Eso sí, es importante mentalizarse de que el acceso es complicado, pues se sube a una altura que equivale a un edificio de 12 plantas, a través de escaleras estrechas de altos peldaños. Por eso es importante seguir las normas que dispone la organización.

Cuzco, en Perú, pero muy vinculado a Córdoba.

Patio de los Naranjos

Se trata del patio más grande y antiguo de la ciudad, el gran espejo de los famosos patios cordobeses. Los naranjos de su nombre no llegaron hasta el s. XVI, en época cristiana. En los tiempos musulmanes este espacio era el antiguo *sahn* (patio de abluciones) de la mezquita aljama de Córdoba. Una plaza llena de vida destinada también a ser escuela y donde los alfaquíes impartían justicia. Entonces estaba conectada con la sala de oración, ya que el muro norte del templo estaba abierto y el patio daba luz al interior.

¿Cómo era el antiguo alminar?

Lo más interesante de la Puerta de Santa Catalina, que da acceso al Patio de los Naranjos desde la calle Magistral González Francés, es una imagen del antiguo alminar árabe de la Mezquita desde el que se llamó a la oración en tiempos de Abderramán III, quien lo mandó construir, y hasta la conquista cristiana. Dos cartelas en la parte superior del arco de entrada ofrecen en relieve la imagen del antiguo alminar omeya y de la Puerta del Perdón, un testimonio de gran valor que ha permitido saber cómo fue este alminar antes de que una torre cristiana lo envolviera en piedra.

Las mejores experiencias

Caminar por la historia en el Puente Romano y su entorno

El primer puente sobre el Guadalquivir que se construyó aguas arriba de Sevilla también es el primer puente que Córdoba tendió al mundo. Se trata del tesoro cordobés que más tiempo lleva en uso, desde el s. I. Alrededor de la corriente de agua se elevan la Puerta del Puente y la Torre de la Calahorra, un centro de visitantes contemporáneo y la invitación a conocer los caminos del río.

◎ **PLANO P. 54, F5**

Av. del Alcázar, s/n

🚌 3 y 12, parada Puerta del Puente

Puente Romano

Veinte siglos de uso y de paso por este puente han borrado casi todas sus huellas romanas. Se conservan de esa época el trazado de sus líneas y los cimientos, sobre todo en la base de la Torre de la Calahorra. Todo lo demás es medieval. Cada regeneración de este monumento ha intentado entender el lugar con una nueva lectura. La última intervención peatonalizó el puente y actuó en todo su entorno de la mano del arquitecto Juan Cuenca. Esta actuación fue reconocida con el Premio Europa Nostra en la categoría de conservación.

Puerta del Puente

Aunque hoy su funcionalidad es otra, en este lugar se ha alzado desde época romana una notable puerta de acceso a la ciudad. Hay que imaginarla formando parte del lienzo de la muralla que discurría por lo que hoy es el paseo de la Ribera y la av. del Alcázar y no exenta, tal y como ha llegado a nuestros días. La puerta renacentista que hoy vemos se realizó con motivo de una visita a la ciudad del monarca Felipe II. Una pequeña puerta en el interior de su dintel, encargada a Guillermo Pérez Villalta, da acceso al interior del edificio, convertido en pequeño espacio expositivo cuya azotea descubre un espectacular mirador sobre el Guadalquivir y la campiña. (turismodecordoba.org/puerta-del-puente; adultos/niños 1 €/gratis; ⊙10.00-15.00 lu-ju y do todo el año, 10.00-18.00 vi-sa invierno, 10.00-14.00 y 18.00-20.30 verano).

El arcángel del puente

Justo en la mitad del Puente Romano se alza un triunfo de san Rafael, arcángel custodio de la ciudad. Se trata de una imagen que siempre está rodeada de velas encendidas, reflejo de la devoción del pueblo de Córdoba a esta figura protectora de la ciudad. El origen está en la creencia popular de que el arcángel libró a la propia urbe de la peste en el s. XVII. Federico

★ Pistas

● Muy cerca de la Puerta del Puente hay una placa de mármol con el soneto a Córdoba de Luis de Góngora. El poeta saluda al Guadalquivir en una visión del río que tiene que ver con la grandeza de Córdoba y su esplendor.

● Richard Estes, el pintor hiperrealista de rascacielos, escaparates, automóviles y gente en movimiento por las calles neoyorquinas, pintó en 1998 una vista del Puente Romano de Córdoba.

✕ Una pausa

Bar del Centro de Recepción de Visitantes En este edificio delante del muro sur de la Mezquita se puede obtener información turística y tomar un bocado de calidad en su bar, mirando al río. En el subsuelo del edificio se han integrado restos romanos y visigodos que conviven con una exposición cuyo tema principal es el río Guadalquivir a su paso por Córdoba.

Centro de Recepción de Visitantes

Este doble edificio inaugurado en el 2014 y levantado delante del muro sur de la Mezquita está construido hacia dentro, como el propio templo. Posee iluminación cenital, en homenaje a la luz que la reforma barroca dio a la Mezquita. En este **centro de visitantes** (turismodecordoba.org/centro-de-recepcion-de-visitantes; 957 355 179; gratis), que cuenta con cafetería y tienda, se puede obtener información turística de la ciudad. En el subsuelo del edificio se han integrado restos de origen romano y visigodo. La planta baja acoge una exposición permanente, con maquetas y pantallas interactivas, cuyo tema principal es el río Guadalquivir a su paso por Córdoba y su importancia en la evolución de la ciudad durante sus más de 2000 años de historia.

García Lorca se refirió a esta imagen en un poema como "el arcángel aljamiado". Frente a él, una hornacina contemporánea recuerda a los patronos de la ciudad, los santos Acisclo y Victoria.

Torre de la Calahorra

En el lugar donde hubo una puerta romana y un castillo árabe se levanta esta torre que formó parte del antiguo castillo y que hoy alberga el **Museo Vivo de Al-Ándalus** (957 293 929; torrecalahorra.es; adultos/reducida 4,50/3 €; 9.00-18.00 lu-do oct-abr, 10.00-14.00 y 16.30-20.30 diario may-sep), gestionado por la Fundación Roger Garaudy. Su colección muestra la coexistencia de las culturas judía, cristiana y musulmana en la Córdoba medieval a través de videoproyecciones y la exposición de utensilios de medicina e instrumentos musicales. Resulta sugestivo encontrar la recreación de cómo era vivir un día en la Córdoba del s. x. El museo también muestra una maqueta de la Mezquita de Córdoba y otra de la Alhambra granadina. Como colofón de la visita, la privilegiada azotea de la torre ofrece insuperables vistas de la Mezquita y el Guadalquivir.

Noria de la Albolafia y molinos del Guadalquivir

Salpicados por el cauce del río a su paso por Córdoba, los molinos hidráulicos del Guadalquivir trituraban el cereal en las épocas romana, árabe y cristiana. Símbolo de la industria harinera de la ciudad, eran movidos por la fuerza del agua. En la actualidad, los 11 molinos del río, casi todos de construcción árabe, se encuentran inscritos en el Catálogo General del Patrimonio Histórico Andaluz. El de la Alegría es hoy sede del Museo Paleobotánico, el de Martos alberga el Museo Hidrológico y el de San Antonio es una sala de exposiciones temporales. Muy cerca del Puente Romano se encuentra la noria de la Albolafia, junto al molino

Caminos del río

Para los visitantes sedientos de los paisajes del Guadalquivir a su paso por Córdoba, hay tres paseos urbanos ideales para respirar y observar de cerca la lengua de agua y su entorno natural. El primero parte del molino de Martos e invita a recorrer los jardines del balcón del Guadalquivir río arriba, cruzarlo por el puente del Arenal, alcanzar el parque de Miraflores y bajar por sus terrazas hasta la orilla. La segunda ruta recorre el espacio entre el Puente Romano y el de San Rafael, donde se encuentra el Monumento Natural de los Sotos de la Albolafia; el molino de San Antonio, junto al Puente Romano, es un punto de información y de partida para conocer esta exuberante zona rica en fauna y vegetación. Por último, el camino de la Ribera Silvestre, donde conviven lo natural y lo urbano, se puede recorrer como ruta senderista hasta el último puente de la ciudad sobre el Guadalquivir; partiendo del molino de la Albolafia y bajando por unas escaleras de acceso desde la av. del Alcázar, se pasea río abajo por la margen derecha del Guadalquivir hasta llegar al puente de Ibn Firnás; este último camino es mejor recorrerlo de día.

del mismo nombre; se trata de un interesante ingenio fluvial que se utilizaba para tomar el agua de riego de los jardines del Alcázar y cuya imagen, que aparece en el escudo local desde el s. XIV, es símbolo de la ciudad.

Sotos de la Albolafia

Entre el Puente Romano y el de San Rafael se localiza este monumento natural crecido en este tramo del Guadalquivir.

Entre su variada vegetación de álamos, fresnos, alisos, adelfas, eneas o lirios de agua, habita una valiosa avifauna con importantes poblaciones de garcilla bueyera, calamón y morito. Cada año se observan más de 120 especies de aves y durante el atardecer es un espectáculo mirar al cielo para ver y escuchar las bandadas de aves que vuelan hacia este refugio.

Las mejores experiencias

Adentrarse en el legado sefardí en la Sinagoga

Lo que hoy se conoce como Judería fue habitada por los sefardíes desde la conquista cristiana de la ciudad hasta su expulsión de la Península en 1492. En el s. xix se halló su sinagoga, escondida tras los muros de una ermita cristiana. Es un importante edificio y un elemento más que muestra la diversidad cultural de Córdoba y la coexistencia de diferentes civilizaciones en el pasado.

◎ PLANO P. 54, B2

www.juntadeandalucia.es/cultura/enclaves/enclave-monumental-sinagoga-de-cordoba

c. Judíos, 20

adultos/ciudadanos UE 0,30 €/gratis

🚌 2, 3, 5, 6, 7, 9, 16, 01, 02

Única en Andalucía

Ejemplo único del legado sefardí en el sur de la Península, el interior de esta obra mudéjar está decorado con inscripciones de salmos hebreos. La Sinagoga se acabó de construir en 1315.

Pequeña y exquisita

La entrada a la sala de oración se realiza desde un pequeño patio. Destaca el vestíbulo, desde el que se accede a la tribuna superior destinada a las mujeres. La sala principal está exquisitamente decorada con yeserías y atauriques mudéjares. En el muro oriental se puede ver el tabernáculo en el que se guardaban los rollos del Pentateuco.

Galería de mujeres

La parte destinada a las mujeres alberga tres amplios arcos decorados con estuco y celosía entrelazados, algo habitual en las sinagogas sefardíes, realizados con patrones elaborados y textos en hebreo.

Inscripciones

Los restos de inscripciones que han llegado a nuestros días en este edificio pertenecen a fragmentos del Libro de los Proverbios, del Salterio y también del Cantar de los Cantares.

La ermita que escondía la Sinagoga

Rafael Romero Barros, padre del pintor Julio Romero de Torres, halló a finales del s. xix las yeserías de la Sinagoga mientras restauraba la antigua ermita cristiana que se encontraba en este lugar. Este intelectual fue desvelando en artículos de prensa de la época las inscripciones hebreas que los muros contenían ocultos. El hallazgo en 1884 de una lápida con la firma del alarife que levantó la Sinagoga, Isaq Moheb, obligó al obispo a retirar las imágenes cristianas de la capilla.

★ Pistas

○ Unas pequeñas placas de bronce en el suelo de las callejuelas de la Judería nos indican que nos encontramos en uno de estos barrios. Es el signo de la Red de Juderías Española.

○ Muy cerca de la Sinagoga, bajando la calle Judíos y en la apacible plaza de Tiberiades, encontraremos una estatua del filósofo, teólogo y médico Maimónides. La leyenda dice que si se tocan sus babuchas se recibe un poco de la sabiduría de este ilustre cordobés.

✗ Una pausa

Casa Rubio (☎ 957 420 853; c. Puerta de Almodóvar, 5; tapas 10 €; ☉ 13.00-16.00 y 19.30-23.00 lu-do) La barra de esta taberna y restaurante es el lugar perfecto para un vino y un bocado de cocina tradicional cordobesa. Con menos prisa, resulta agradable su terraza pegada a la Puerta de Almodóvar o su fantástica azotea con vistas.

A 1

C. Teión y Marín

B

C. Fernández Ruano

C

22 ✪

D

Paseo de la Victoria

C. Pintor López

C. Pintor López del Obrero

C. Puerta de Almodóvar

C. Almanzor

26 🔒

28 🔒

LA JUDERÍA

C. Buen Pastor

🚰20

C. Conde y Luqu...

Glorieta
Cruz Roja

2

C. San Vicente de Paul

C. Caitirán

C. de los Judíos

🚰 17

C. Averroes

Casa de Sefarad
6 ◎

24 🔒

◎ 5

**Capilla de
San Bartolomé**

C. Romero

8
🌲

27 🔒

13 🌳

C. Hoguera...

🌳 9

C. Deanes

Plaza del
Cardenal
Salazar

Sinagoga
◎

C. San Vicente de Paul

C. Dr. Blanco Soler

C. Dr. Fleming

C. Caitirán

C. Villa

C. Ceballos

C. Tomás Conde

Plaza
Maimónides

12
🌳

C. Abucasis

🚰 19

29 🔒

Plaza de
Judá Leví

Plaza de
C. Medina y Corell...

21 ✪

C. Manríquez

3

16 🌳

C. Jiménez Díaz

**Baños
del Alcázar
Califa**

◎ 1

Plaza
Campo Santo
de los Mártires

Jardines
de Vallellano

C. Dr. Gregorio Marañón

Av. Dr. Fleming

C. Amador de...

4

Av. del Flamenco

Av. del Dr. Álvarez García

Av. del Dr. Barraquer

C. Martín de Roa

Av. Dr. Fleming

C. de San Basilio

C. Caballerizas Reales

**Alcázar de los
Reyes Cristianos**

Pie. Sta Teresa Jornet

◎ 2

5

C. Huerta del Rey

C. de San Basilio

C. Enmedio

3 ◎
**Caballerizas
Reales**

Jardines
del Alcázar

Av. del Alcázar

C. Postrera

SAN BASILIO

6

C. Postrera

C. Prta. Sevilla

16 🌳

A

B

C

D

E
C. Blanco Belmonte
Casa Árabe
7
C. del Rey Heredia
C. Samuel de los Santos y Gener
F
C. del Horno del Cristo
G
H

Baños árabes de Santa María
4
C. Céspedes
C. V. Bosco
C. Flores
C. Encarnación

Reseñas en:
- Principales puntos de interés p. 42
- Puntos de interés p. 56
- Dónde comer p. 60
- Dónde beber p. 64
- Ocio p. 66
- De compras p. 67

1

C. Cardenal Herrero

Plaza de Santa Catalina
C. Osio
C. M. Rucker

N 0 150 m

C. Calderereos

C. Badanillas
10
Plaza de Abades
18
C. Alfayatas
C. Cara
C. Amparo
C. Pozo del Cueto
25

2

Patio de los Naranjos

C. del Magistrado González Francés

C. Cardenal González
Plaza Alhóndiga
15

Mezquita-Catedral

11
14
Ronda de Isasa
C. Poeta Ricardo Molina

3

C. Torrijos

C. Corregidor Luis de la Cerda
23
C. Caño Quebrado

Oficina de Turismo

Plaza Canónigo Torres Molina

los Ríos
Plaza del Triunfo

Río Guadalquivir

4

Ronda de Isasa

Puente Romano

C. Acera Mira al Río

5

C. Bajada del Puente

6

C. Fray Albino
Plaza de Santa Teresa

E **F** **G** **H**

Puntos de interés

Baños del Alcázar Califal

MONUMENTO

1 🎯 PLANO P. 54, C4

Sus restos emergieron en el s. XVII tras quedar soterrados bajo una gran plaza que en época cristiana se dedicó a los Santos Mártires. Los baños privados del califa, que formaban parte del antiguo alcázar de la corte omeya, se unían a los más de 300 baños públicos con los que contaba la capital andalusí. La musealización de este espacio deja volar la imaginación y los sentidos alrededor de lo que significó sumergirse en aquellas aguas. En su intervención almoha-

El monumento a los enamorados

En la plaza situada frente a la entrada a los baños califales, en el llamado Campo de los Santos Mártires, se puede ver un templete que alberga la escultura de dos manos que se rozan. Se trata de un recuerdo en memoria de la tortuosa historia que tuvo lugar entre la poeta Wallada, hija de un califa omeya y de una esclava cristiana, y el poeta Ibn Zaydun. Bajo las manos, sobre un mármol blanco, se puede leer un fragmento de dos poemas, uno que ella le dedicó a él y otro que él le dedicó a ella, escritos en castellano y en árabe respectivamente.

de quedan restos de los azulejos andalusíes más antiguos que se conservan, con un dibujo geométrico verde y blanco, los colores del pueblo musulmán y de la dinastía omeya. (turismodecordoba.org/baños-del-alcazar-califal; pza. Campo Santo de los Mártires, s/n; adultos/estudiantes/niños 3 /1,50 €/gratis)

Alcázar de los Reyes Cristianos

MONUMENTO

2 🎯 PLANO P. 54, D5

Donde existió una fortaleza romana junto al Guadalquivir, se alzó en la Edad Media cristiana un alcázar destinado a ser residencia real. Entre sus muros se gestó tanto la conquista del reino nazarí de Granada como el descubrimiento de América. Destacan sus espléndidos mosaicos romanos de los ss. I-II, un sarcófago del s. III y los Baños Reales. Además, el recinto palaciego cuenta con unos extensos jardines de inspiración árabe. Su historia negra comenzó cuando se transformó en sede del Santo Oficio, al ser cedido por los Reyes Católicos al tribunal de la Santa Inquisición. (alcazardelosreyescristianos.cordoba.es; c. Caballerizas Reales s/n; 4,90/2,60 €/gratis, visita incluida en el bono de los Museos Municipales)

Caballerizas Reales

MONUMENTO

3 🎯 PLANO P. 54, C5

En este lugar históricamente asociado al caballo tuvo asiento la caballería del César y fue donde

Alhakén II agrupó sus afamadas cuadras. En 1570 Felipe II fundó esta institución que hoy pervive en una parte del solar del Alcázar. Su objetivo era criar y conservar una raza de caballos que representara el espíritu del caballo andaluz y que más tarde sería conocido mundialmente como Pura Raza Español. El Ayuntamiento mantiene cedido este recinto a la asociación Córdoba Ecuestre, donde tiene lugar cuatro días por semana el espectáculo Pasión y Duende del Caballo Andaluz, que representa la relación de Córdoba con el mundo del caballo. (turismo decordoba.org/caballerizas-reales; c. Caballerizas Reales, 1; gratis, espectáculo ecuestre adultos 16,50 €; niños 11,50 €)

Callejear por el laberinto

La Judería cordobesa no tenía exactamente los mismos límites espaciales que hoy recorren los visitantes, pero sí que ha conservado muchas de sus huellas sefardíes a pesar del exceso de tenderetes, carteles y veladores que le restan autenticidad. Perderse por este laberinto empedrado es una forma de suspender el tiempo. Cruzar la Puerta de Almodóvar y enfilar la hermosa y blanca calle Judíos, siguiendo por Tomás Conde o el callejón de la Luna, resulta tan cautivador como encontrarse con plazuelas como la de Maimónides o la del Cardenal Salazar.

Baños del Alcázar Califal (p. 56).

El lavatorio de Almanzor bajo el suelo de un hotel

Escribió el filósofo José Ortega y Gasset que en Córdoba las rosas crecen en el subsuelo. Con estas rosas tal vez el pensador se refería a los restos arqueológicos que documentan los diferentes sustratos históricos de la ciudad. En 1998 en el Hotel Conquistador, frente a la fachada oriental de la Mezquita, aparecieron restos de la sala de abluciones de la mezquita del Almanzor, del s. x. Sus interesantes estructuras hidráulicas acabaron quedando a la luz bajo la sala que hoy lleva el nombre del califa. Los visitantes pisan un suelo de metacrilato bajo el que se hallan las canalizaciones y los muros del que fue lugar purificador para los cordobeses que habitaron la ciudad hace 11 siglos. El amable personal del hotel suele permitir visitarlo a quien esté interesado, siempre que el salón Almanzor no se encuentre ocupado. (www.eurostarshotels.com; ☏ 957 481 102; c. Magistral González Francés, 15; gratis; 🚌 3, 12 parada Puerta del Puente)

Baños árabes de Santa María

MONUMENTO

4 🎯 **PLANO P. 54, E2**

Una vivienda de la antigua medina cordobesa acoge estos baños construidos sobre un lavatorio del s. x relacionado con la Gran Mezquita. Hoy se han convertido en un restaurante, así que hay que acudir a esta oferta, que incluye visita guiada, si se quiere disfrutar del espacio, ahora dedicado, por desgracia, a otra función. Se trata de una de las pocas muestras que quedan en pie de baños públicos hispano-musulmanes. Según los textos árabes, en Córdoba hubo más de 900 de estos espacios en época califal. El actual vestíbulo fue en su día la sala de abluciones y daba paso a la sala de agua fría convertida hoy en un patio abierto. Desde la sala caliente, iluminada con lucernarios, se accede a un aljibe elíptico situado a más de 10 m de profundidad. Apena no poder disfrutarlo como monumento libre de otro uso. (turismodecordoba.org/banos-arabes-de-santa-maria; c. Velázquez Bosco, 10)

Capilla de San Bartolomé

IGLESIA

5 🎯 **PLANO P. 54, C2**

La más exquisita muestra del arte gótico-mudéjar en Córdoba es esta pequeña capilla anexa al edificio barroco que hoy es sede de la Facultad de Filosofía y Letras. Su profusa decoración de yeserías con claros motivos islámicos y su mixtura de la nervadura gótica del techo con la heráldica, las lacerías, el ataurique y la hermosa azulejería, la convierten en un espacio refinado y diverso. El patio principal de la cercana facultad universitaria, que fue un antiguo

Alcázar de los Reyes Cristianos (p. 56).

hospital, merece una visita y tal vez un breve descanso en uno de sus bancos. (manmaku.es/capilla mudejar; c. Averroes s/n; adultos/ menores de 8 años 1 ,50 €/gratis)

Casa de Sefarad   CASA-MUSEO

6 ⊙ PLANO P. 54, B2

Frente a la Sinagoga se encuentra esta casa dedicada a la memoria sefardí de la ciudad. La exposición permanente "Memorias de Sefarad" comienza en su precioso patio y recorre temáticas como las mujeres de Al-Ándalus, la Judería de Córdoba, los ciclos festivos hebreos, la música sefardí o la tenebrosa Inquisición española. Merece la pena recorrerla de la mano de su bibliotecario, Sebastián de la Obra, quien siempre acaba cantando alguna coplilla en judeo-español. (casadesefarad.es; 📞 957 421 404; c. Judíos esq. Averroes; adultos/reducida 4-3 €; 🕙 10.00-18.00; 🚌 3, 12, 16)

Casa Árabe   CASA-MUSEO

7 ⊙ PLANO P. 54, E1

La sede cordobesa de esta institución estratégica en las relaciones de España con el mundo árabe se ubica a dos pasos de la Mezquita. El lugar elegido es la Casa Mudéjar, un edificio que agrupa cinco casas diferentes enlazadas por galerías, pasadizos y escalinatas, con cuatro patios y un torreón. La edificación original data del s. XIV. Entre los muros de este centro de investigación y culturas el visitante siempre encontrará exposiciones interesantes o ciclos de conferencias. La rehabilitación de esta casa fue

ALEKSANDAR TODOROVIC/SHUTTERSTOCK ©

Capilla de San Bartolomé (p. 58).

Premio Ciudad Patrimonio de la Humanidad en el 2011. Ofrecen 10 visitas guiadas al año. (casaarabe.es; ☎957 498 413; c. Samuel de los Santos y Gener, 9; gratis)

Dónde comer

El Churrasco ANDALUZA €€-€€€

Fundada en 1970 en el corazón de la Judería, esta amplia y enredada casa mudéjar, con varios patios y diferentes estancias, es célebre por sus carnes a la brasa, aunque sin olvidar su excelente mano para las verduras. Ofrece productos de raíz andaluza y elaboración con un toque propio, una gran bodega que armoniza con todo y una barra para degustar sus tapas de modo más informal. El churrasco al carbón de encina con salsas

árabes es una armonía de saberes y sabores. Como extra, se puede pedir una visita a su joya oculta: la bodega que guarda en un subsuelo romano. (elchurrasco.com; ☎957 290 819; c. Romero, 16; churrasco/mini-flamenquín 16,75/5,25 €; ⏲almuerzo y cena lu-do)

El Caballo Rojo ANDALUZA €€€

9 ✖ PLANO P. 54, D2

Recetas andalusíes en una casa típicamente cordobesa con patio, azulejos y madera tallada. Destaca su constante labor de investigación de las cocinas mozárabe y magrebí. Pepe García Marín revolucionó completamente el espíritu de la taberna tradicional y se convirtió en uno de los principales precursores de la restauración cordobesa. Resultan míticas sus

La vida secreta del Jardín Botánico

Guadalquivir abajo, pasado el puente de San Rafael y asomándose al río, se encuentra el centro de la cultura vegetal de la ciudad: el Jardín Botánico. Promovido en la década de 1980 por un grupo de profesores de la Universidad de Córdoba, el lugar es un meandro de paz, de sombra y de gozo para los sentidos. Su paseo comienza en el Arboretum, que simula un bosque natural, pasando por los distintos invernaderos, el jardín tacto-olfativo, la escuela agrícola, la rosaleda, los jardines, el conservatorio con especies silvestres andaluzas o el Herbario. Además, el Museo de Paleobotánica ofrece información sobre las diferentes floras que han existido a lo largo de la historia y el Museo de Etnobotánica cuenta con una exposición permanente en la que se estudia la relación sociedad-planta mediante diferentes módulos e instrumentos. Por último, el Museo Hidráulico integra en el molino de Martos la interpretación de la historia a través de la cultura, la gestión del agua y la tradición en el uso de las plantas. El jardín ofrece la posibilidad de realizar rutas guiadas, previa cita, y varios programas educativos con actividades y talleres especiales. (jardinbotanicodecordoba.com; 🕿 957 298 534; Av. Linneo s/n; adultos/niños/estudiantes/domingos 3/1,50/1,50/1€; 🚌 2, 6, 01 parada Puerta de Sevilla)

recetas de rape mozárabe y la del cordero a la miel. Además, se trata también de uno de los mejores lugares para degustar rabo de toro, verduras exquisitas o también simplemente para tapear en su barra; las alcachofas a la montillana obtuvieron un Premio Nacional Gastronómico, aunque la autora de esta guía se queda con los más sofisticados alcauciles con habitas. (elcaballorojo.com; 🕿 957 475 375; c. Cardenal Herrero, 28; principales 20 €; 🕓 almuerzo y cena lu-do; 🚌 3, 12)

Argus

CREATIVA €€€

10 ✖ PLANO P. 54, G2

El proyecto de dos restauradores, ella francesa y él vasco, en pleno casco histórico dan como resultado una casa llena de historia por la que cruza la muralla romana. Ofrecen una cocina refinada, de maridaje norte-sur, hecha con mucho cariño, talento y calidad de producto. Un buen resumen de su filosofía está en el *foie micuit* al amontillado 25 años. A ello hay que añadir una interesante bodega alrededor del mundo no solo de vinos, sino también de cervezas. (argusrestaurante.com; Cardenal

Dos visitas imprescindibles

La tortilla de patatas más famosa de Córdoba es la del **Bar Santos** (📞957 893 220; c. Magistral González Francés, 3), frente a la Puerta de Santa Catalina de la Mezquita. Un bocado que se puede degustar, con plato y vaso de plástico, junto a los muros del templo. El local suele tener colas porque es pequeño, pero sirven rápido y con la seriedad del tabernero cordobés. Cruzando el Puente Romano, al otro lado del río, hay otro bar mítico de Córdoba, **Miguelito** (📞957 290 338; c. Acera Pintada 8; cerrado mi), un clásico local detrás de la Calahorra, en el popular barrio del Campo de la Verdad. Sus frituras de pescado son tan de otro mundo que casi se oye el mar al saborearlas. Hay que probar el buchón, una suerte de flamenquín pero elaborado con merluza y el surtido de Miguelito.

González, 30; principales alrededor de 20 €; 🕐almuerzo y cena mi-lu)

Amaltea
SLOW FOOD €€

11 ✖ PLANO P. 54, G3

Cocina mediterránea y de mercado para una extensa diversidad de público que incluye a veganos, vegetarianos, celíacos y también a los niños, con un menú diseñado para ellos. Este colorista local fue uno de los primeros restaurantes que llegaron a la Ribera y abrieron sus ventanas al Guadalquivir. Con amor a los productos ecológicos y de kilómetro cero, su lasaña con verduras de temporada o el pollo con mango son exquisitos. A su estupenda carta de vinos, algunos naturales, hay que añadir la famosa agua de Córdoba: de grifo y fresquita en botella reutilizable. (www.amaltea.es; 📞957 491 968; c. Ronda de Isasa 10; principales 10-15 €, 🕐almuerzo y cena lu-do, cerrado do noche)

Casa Mazal
SEFARDÍ €€

12 ✖ PLANO P. 54, C3

Restaurante centrado en la tradición culinaria de Sefarad y de Al-Ándalus que habita una casa del corazón de la Judería. Su nombre significa en hebreo "casa de la fortuna" y suele aderezar sus platos *kosher* con música en directo y canciones sefardíes. Sus reinvenciones del humus y el salmorejo "a las tres culturas" son originales, pero no hay que perderse sus platos de berenjenas ni sus exquisitas variaciones de cuscús, además de sus originales y deliciosos postres. (casamazal.es; 📞957 246 304; Tomás Conde, 3; comidas 30 €; 🕐almuerzo y cena lu-do)

Casa Pepe de la Judería
TRADICIONAL CORDOBESA €€-€€€

13 ✖ PLANO P. 54, D2

Esta casa conserva el sabor de la antigua taberna que aquí se ubicó a principios del s. xx, manteniendo

DIEGO GRANDI/SHUTTERSTOCK ©

Patio de la Casa de Sefarad (p. 59).

intacta la distribución, la barra de mármol y también la piquera, una pequeña ventana acristalada desde la que se servía directamente al público que aguardaba en el portal. Su carta de tapas (en el local contiguo) y de restaurante es un recorrido por los platos más populares de la cocina cordobesa, como cogollos al ajillo o dorados fritos, mezclados con actualizaciones de recetas como la tortilla de rabo de toro. (☏957 200 744; c. Romero, 1; tapas 4-8 €, principales 15 €; ◷almuerzo y cena lu-do)

Regadera COCINA SIN ETIQUETAS €€-€€€

14 ☒ PLANO P. 54, G3

La cocina creativa y de amor al producto domina en este espacioso y cálido local de la Ribera del Guadalquivir, con cocina a la vista de los comensales y un pequeño huerto con plantas aromáticas en el centro del local. Destacan su increíble mazamorra de almendra, salmón curado y manzana; el delicioso pez mantequilla con *teriyaki* y ajo negro o los canelones de rabo de toro con bechamel de leche de oveja. Su postre Sacándole jugo al limón es una obra de ingeniería dulce. (www.regadera.es; ☏957 101 400; c. Ronda de Isasa, 10; principales 20 €; ◷almuerzo y cena mar-do; ☐3, 12)

La Furgo INTERNACIONAL €€

15 ☒ PLANO P. 54, G3

La filosofía de este local a orillas del Guadalquivir se concentra en su nombre, que evoca a las furgonetas de comida ambulante o *food trucks* tan abundantes en Berlín o Nueva York y que proliferan también por diferentes zonas de España. En su carta hay cocina oriental, italiana y mexicana con un toque del sur, que se puede disfrutar en el interior o en la terraza. El *tataki* de atún y las *gyozas* de cerdo, cebolleta y jengibre con panceta ahumada son lo mejor de su carta. (📞957 246 929; c. Ronda de Isasa, 7; principales 15 €; ⏱almuerzo y cena lu-do)

PerlAzul

MARROQUÍ €€

16 ⊗ PLANO P. 54, B3

Su nombre homenajea a la ciudad de Chefchauen, al igual que su bonito local teñido de añil en el barrio del Alcázar Viejo. Cocina auténtica marroquí que ofrece humus de distintas ciudades, tajines, cuscús, *pastelas, zaalouk* o sopa *harira,* además de tés, *brunch*

y desayunos orientales. (laperlazul. com; 📞744 661 257; c. Puerta de Sevilla, 1; principales alrededor de 15 €; ⏱desayuno-almuerzo y cena ju-lu).

Dónde beber (y tapear)

Bodega Guzmán

VINOS

17 🍺 PLANO P. 54, B2

Lugar con solera en la blanca calle Judíos, de las que apenas quedan ejemplos. Si el visitante busca buen vino de la tierra, traído desde la bodega y almacenado en botas, entrará en el lugar adecuado. El aroma a bodega lo inunda todo en este espacio decorado con elementos taurinos que invita a degustar un fino o un oloroso, aunque también sirven cerveza y vermú. Para acompañar merecen

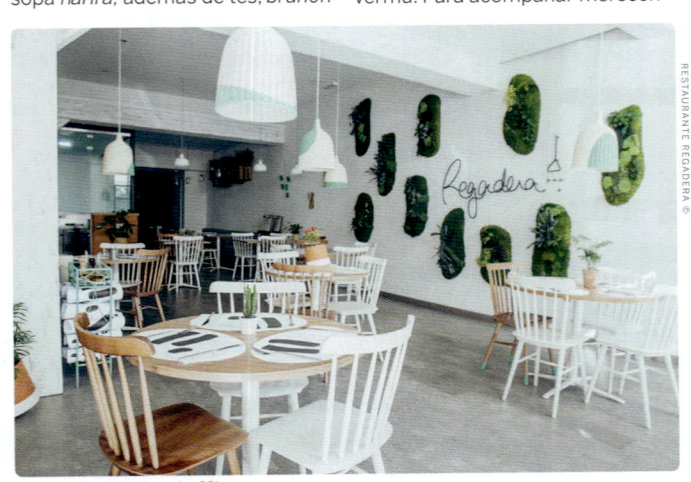

Restaurante Regadera (p. 63).

Desayunar: el jeringo cordobés y más allá

Al riquísimo desayuno típico cordobés, la tostada con aceite de la Subbética a la que se le puede añadir jamón, se une el churro cordobés con denominación de origen: el jeringo. El lugar clásico para comprarlo con un chocolate de acompañamiento es un quiosco en el Campo de los Santos Mártires, que abre a las 6.00, a primerísima hora de la mañana. Su masa hecha a mano convierte estos jeringos en los mejores de la ciudad (0,55 € la unidad). Si se buscan otras opciones más diversas, The Club, al otro lado del río (the-club.es), ofrece desayunos y *brunches* frescos, hechos en el momento y naturales: *bagels,* tostas, huevos, *pancakes, bowls...* acompañados de zumos variados de frutas y verduras recién hechos. Nunca faltan ni el café ni las tartas caseras.

la pena sus boquerones en vinagre y su queso en aceite. (📞 957 290 960; c. Judíos, 7; lu-do)

El Barón

VINOS Y TAPAS

18 🚌 PLANO P. 54, G2

Este rincón casi secreto en una plaza de la Judería posee sabor y una terraza que es un remanso de paz a pesar de su cercanía con el bullicio de la Mezquita. Aquí estuvo la Alcaicería en época musulmana, que era el antiguo mercado de la seda. Ahora, en vez del suntuoso tejido, ofrecen wifi, libros de su pequeña biblioteca, y organizan peroles (guisos al aire libre) para sus clientes los mediodías del primer viernes de cada mes, además de conciertos o lecturas de poesía. Tienen estupendos vinos y un delicioso vermut casero. Para acompañar, paté, queso de oveja, ensaladilla o lacón. (📞 957 487 256; pza. de Abades, 4; 🕐 almuerzo y cena)

Horma

BAR

19 🚌 PLANO P. 54, C3

Un antiguo mapa físico de la península Ibérica recibe al visitante en este bar de la Judería que poco o nada tiene que ver con los que están a su alrededor. La familia Cejas ha puesto amor en este lugar lleno de autenticidad en su decoración, su música, su trato y su cocina casera, haciendo que uno se sienta como en casa. Es un bar lleno de huellas de muchos lugares del mundo que se adapta como la horma de su nombre al visitante. Ofrecen buenos vinos de la tierra y de otras denominaciones de origen, acompañados de tapas como ensaladilla rusa, pollo con salsa de almendras o carrillada al vino tinto, que se pueden degustar también en su agradable terraza de callejuela. (📞 626 858 609; c. Albucasis, 3; tapas 3 €; 🕐 lu-do solo mediodía)

Salón de Té
TETERÍA

20 PLANO P. 54, D1

Este espacio invita al visitante a abrir sus sentidos a la magia de siglos de antigüedad. El espíritu del té siempre ha estado vivo en las diferentes culturas que habitaron la ciudad califal y en este lugar, una de las teterías con más personalidad de la Judería, se pueden degustar diferentes tipos de esta bebida fría o caliente. Es un encantador espacio con diferentes estancias y patio, ideal para disfrutar de esta ceremonia, que se puede acompañar de dulces y pastas. (www.salondetecordoba.es; ☎957 487 984; c. Buen Pastor, 13; tetera pequeña 3,50 €; ☺lu-do)

Ocio

Filmoteca de Andalucía
ESPACIO CULTURAL

21 PLANO P. 54, D3

Es una de las escasas instituciones culturales no relacionadas directamente con el turismo que se ubican en la Judería cordobesa. Desde finales de la década de 1980 la sede principal de la Filmoteca andaluza está situada entre los patios de un edificio que fue un antiguo hospital. El objetivo de este centro es recuperar el patrimonio fílmico andaluz y ofrecer cultura cinematográfica a la ciudad en sus tres espacios: la sala Val Del Omar, la sala Josefina Molina y el más vanguardista Espacio 3. Ciclos de cine, desde clásico a otras cinematografías,

pasando por el cine de autor o por estrenos que no suelen llegar a las salas comerciales, componen su programación. (www.filmotecade andalucia.es; c. Medina y Corella, 5; 0,90 €, gratis sa; ☺ma-sa, consultar horario de proyecciones)

El Cardenal
FLAMENCO

22 PLANO P. 54, C1

Córdoba es uno de los puntos cardinales del flamenco. Aquí se celebra cada tres años el Concurso Nacional de Arte Flamenco, promovido en 1956 por el poeta Ricardo Molina siguiendo la estela del mítico Concurso de Cante Jondo de Granada de 1922, auspiciado por Lorca y Falla. La ciudad se encuentra salpicada de peñas flamencas y de tablaos, los mejores escenarios donde ver este arte. El Cardenal es uno de los tablaos más importantes de Córdoba, ubicado en una casa del s. XVII donde confluyen los cantes profundos, la guitarra que los acompaña, el ímpetu del zapateado, las palmas y los bailes de los artistas. (www. tablaocardenal.es; ☎691 217 922; c. Buen Pastor, 2)

Horno de San Luis
CÓCTELES

23 PLANO P. 54, F3

Este local, que aúna cócteles y cocina de mercado, ha transformado una panadería histórica situada frente a la Mezquita en un local laberíntico con patios y estancias de decoración ecléctica. El resultado es cosmopolita y, a la vez, colmado de raíces andaluzas. Su carta

DIEGO GRANDI/SHUTTERSTOCK ©

Zoco Municipal.

de cócteles, acompañados con fruta fresca, se puede degustar de noche en la azotea, con vistas al Guadalquivir y a la Mezquita. (www.hornosanluis.com; ☎957 740 056; c. Cardenal González, 73)

De compras

Zoco Municipal ARTESANÍA

24 🔒 PLANO P. 54, C2

Cuero, madera, cerámica y plata, todo ello trabajado por artesanos cordobeses, es lo que se puede encontrar en este zoco contemporáneo situado en otro de los lugares recónditos y mágicos de la Judería. Cuenta con dos entradas, la principal situada frente a la capilla de San Bartolomé, y una segunda sita en la calle Judíos, frente a la mirada de Maimónides, a modo de pasadizo con medios arquillos. La casa solariega del s. XVI que acoge esta Zona de Interés Artesanal es de estilo mudéjar y se estructura en torno a patios repletos de vegetación. Si el visitante además tiene la suerte de coincidir con algún espectáculo nocturno de flamenco en sus patios, seguro que no lo olvidará. (artesaniadecordoba.com; ☎957 290 575; c. Judíos, s/n; gratis; ☉10.00-20.00 lu-do)

El Laberinto LIBROS ANTIGUOS

25 🔒 PLANO P. 54, H2

El bibliotecario Daniel Rodríguez y su compañera Rosa Castilla, amantes impenitentes del libro viejo, gestionan este espacio de amor a los libros situado en plena Ribera del Guadalquivir. Su nombre homenajea a Borges,

Sumergirse en un baño árabe

En la Judería cordobesa existen dos establecimientos en los que darse un baño en agua templada, caliente y fría rememorando los hábitos purificantes del pasado romano y árabe. La diferencia es la de estar en un entorno de calma y bienestar contemporáneo. El ambiente recreado en estos espacios, con la luz tenue, los aromas singulares, la música suave y el entorno silencioso, convierte la experiencia en un bálsamo antiestrés. Los **Baños Árabes de Córdoba** (www.bañosarabesdecordoba.com; desde 30 €) guardan bajo su patio las estructuras hidráulicas de unos antiguos baños romanos, junto a los restos de otros baños públicos posteriores, del s. xv. Deliciosos patios y diferentes estancias llevan al visitante a otro estado a través del agua, el vapor y los masajes. Al sur de la Judería se encuentra el **Hammam Al-Ándalus** (www.cordoba.hammamalandalus.com; desde 45 €), un lugar que invita a conectar con la naturaleza y con uno mismo entre arcos y capiteles que rememoran la sala de oración de la mezquita aljama cordobesa. En su carta de servicios se ofrecen diferentes rituales para cuerpo y mente que van cambiando con cada estación.

solo abre al atardecer y entre sus muros el tiempo se detiene, lo que invita a leer, a pensar y a charlar con calma, además de escuchar las diversas lenguas de los clientes que cruzan su umbral. Con paciencia y buen ojo, en esta librería se pueden realizar hallazgos sorprendentes sin coste excesivo entre un fondo de 80 000 títulos, el más antiguo del s. xvi. Destacan las colecciones dedicadas a la Guerra Civil, a la poesía española, a las ciencias puras en el s. xix y a los cómics. (📞957 486 263; c. Ronda de Isasa s/n; 🕑20.00-22.30 lu-sa)

Disimusa

ARTESANÍA

26 🔒 PLANO P. 54, B1

Aquí se encontrarán regalos y recuerdos hechos en Córdoba. Desde artesanía para abanicos, bolsas y bisutería hasta tazas, kimonos o láminas. Se trata de un taller familiar gestionado por mujeres emprendedoras que firman todos sus diseños y en el que huele a pino y a pintura, suena a pájaros y costura. "Hilos y manchas que construyen un camino donde pasear silvando con estilo." (disimusa.es; c. Almanzor, 7)

Casa del Pedro Ximénez
PRODUCTOS DE LA TIERRA

27 🔒 **PLANO P. 54, D2**

¿Hay mejor recuerdo para llevarse de Córdoba que una botella de aceite? Casi todos los productos de esta tienda situada frente a una esquina de la Mezquita son de origen cordobés. Vinos, aceites, chocolates, mermeladas y exquisiteces como la regañá cordobesa. Los sabores de la tierra concentrados en una tienda. (lacasadelpedro ximenez.com; c. Corregidor Luis de la Cerda, 75)

Espaliú
JOYAS EN PLATA

28 🔒 **PLANO P. 54, B1**

Firma cordobesa de dimensión internacional y nombre artístico dedicada a las joyas en plata, con incrustaciones de piedras preciosas y semipreciosas, en una fusión entre el arte joyero tradicional y el diseño contemporáneo. La sencillez y el diseño imprimen el carácter de sus colecciones en sus dos interesantes tiendas de la Judería, ambas con una concepción espacial basada en la restauración, en el respeto de las técnicas constructivas tradicionales y con materiales ecosostenibles. (joaquin espaliu.com; c. Almanzor, 9 y c. Ronda de Isasa, 12)

Alminar
REGALOS

29 🔒 **PLANO P. 54, C3**

Si uno se fiase de las tiendas más comerciales de recuerdos de la Judería, podría llegar a convencerse

Hamam Al-Ándalus (p. 68).

HAMMAM AL ÁNDALUS ©

de que el plato típico de Córdoba es la paella, se baila flamenco por las esquinas y se bebe de botijo en cada bar. Menos mal que hay otros establecimientos como Alminar, que en sus productos muestra otra realidad a golpe de estilo, respeto al lugar donde se halla y al diseño local y andaluz. Córdoba es un lugar para recordar y mejor hacerlo con objetos comprados en una tienda que se aleje de la vulgaridad turística. Esta ofrece cerámica, cuero, arte y objetos heterogéneos con tanto gusto como autenticidad. (📞957 297 782; c. Albucasis s/n; ⏰10.30-20.00 ma-do)

Circuito a pie 🥾

Patios, más allá del lenguaje de las flores

Los patios cordobeses han puesto a la ciudadanía en el centro desde época romana. Los árabes les aportaron equilibrio ecológico, y la contemporaneidad, en palabras de la Unesco, acredita esta forma de convivencia vecinal como Patrimonio Inmaterial de la Humanidad. Ya sean vecinales, monumentales, conventuales o populares, existen rutas para recorrer estos jardines todo el año.

Datos

Inicio San Basilio, 44; 🚌 2, 6, 9

Final Diputación de Córdoba; 🚌 18, 9, 10, 11

Distancia 5 km; 6 h

www.amigosdelospatios cordobeses.es

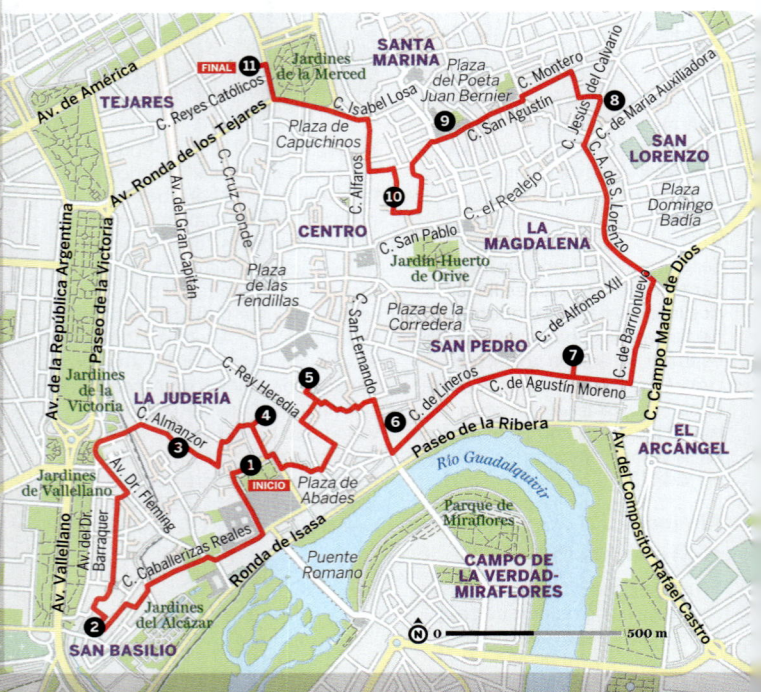

❶ Patio de los Naranjos

Es el gran patio de la ciudad (p. 46), "isla de sombra, silencio y perfume", el modelo de los cientos de patios que afloran en la ciudad. Sus famosos naranjos no estaban en época árabe, sino que llegaron en el s. XVI y sus semillas viajaron hasta Hiroshima como símbolo de paz en 1958.

❷ San Basilio, 44

La sede de la Asociación de Amigos de los Patios luce en una antigua casa de vecinos del barrio del Alcázar Viejo. Abierto todo el año y gratuito, este patio ya ostentaba un jardín vertical mucho antes de que estos se inventaran. No le falta nada: chino cordobés en el suelo, pozo, escalera central, el azulillo en las ventanas y las hierbas aromáticas.

❸ Patio principal de Filosofía y Letras

El patio del antiguo Hospital del Cardenal Salazar hoy se llena de alumnos que repasan apuntes al sol sentados en bancos de azulejo. Se trata de un espacio barroco aunque austero, donde el ladrillo se colorea con el verdor de la vegetación y la altura de sus palmeras.

❹ Casa Árabe

Los dos patios visitables de esta casa del s. XIV, cuya rehabilitación fue premiada internacionalmente, merecen una visita. El de la entrada, tras pasar por un zaguán-callejón, es verde y florido, con escalera y empedrado. El patio de la prime-ra planta, algo más que usual en Córdoba, tiene pozo y fuente con mosaico que pone la banda sonora del rumor del agua.

❺ Museo Arqueológico

El antiguo palacio de los Páez de Castillejo (p. 90) da la bienvenida con un doble patio con galerías superpuestas y un ambiente má-gico gracias a las obras romanas expuestas, como la imprescindible *Thoracata* o la *Afrodita agachada,* que conviven con las flores y el canto de los pájaros.

❻ Posada del Potro

Cervantes inmortalizó en el *Quijote* esta antigua corrala de los ss. XIV-XV, donde seguramente el escritor estuvo hospedado. Pío Baroja tam-bién, en su *Feria de los discretos,* aunque hoy este lugar tan literario es Casa del Flamenco y museo dedicado al cantaor Fosforito (p. 79) con entrada libre.

❼ Casa de las Campanas

El flamenco y el arte mudéjar con-viven en este popular patio, situa-do en Las Siete Revueltas, que al-bergó una fundición de campanas. El bailaor Antonio Mondéjar es el encargado, junto con su hermana María, de cuidar este lugar donde florecen begonias, pendientes de la reina, jazmín amarillo, geranios y gitanillas. La entrada es libre.

❽ Trueque, 4

El conocido como Patio de Car-mela, en el popular barrio de San Lorenzo, es hoy el Centro Cultural

Patio de la Capilla, palacio de Viana (p. 101).

Inmaterial de los Patios de Córdoba, un espacio expositivo gratuito que muestra en ocho salas y un taller todo lo relacionado con la fiesta de los patios. El pozo de esta blanca casa, de inspiración árabe, aún está en uso.

9 Patio de la Capilla

El palacio de Viana (p. 101) atesora una hermosa variedad de tipologías de patios y jardines. El sobrio patio "de la Capilla" pose sombra, frescor y está lleno de arqueología. El techo vegetal de árboles cítricos da verdor a un espacio sin flores donde reina el rumor del agua y el canto de los pájaros. Entrada a patios 6 €.

10 Compás de Santa Marta

Hay que deambular por callejuelas y llamar a la puerta del convento más antiguo de la ciudad (s. xv) para que las Jerónimas que lo habitan permitan el acceso a este recóndito patio. Posee elementos del gótico humanista y muy pocos han visto su claustro posterior, presidido por un hermoso cinamomo.

11 Patio del Reloj

El antiguo convento que acoge hoy la Diputación fue rehabilitado por Rafael de La-Hoz, uno de los modernizadores de la arquitectura española. Este patio debe su nombre a un reloj vertical de sol de inspiración romana clásica. No hay que perderse tampoco el claustro del edificio, una de las piezas más destacadas del barroco andaluz.

Rutas por los patios de vecinos

Algunos de los patios habitados que se presentan a concurso en mayo se pueden visitar durante todo el año si se concierta una cita con empresas turísticas con las que tienen acuerdos. En www.turismodecordoba.org se encuentra el listado y sus precios. En Navidad algunos patios populares se pueden visitar para admirar la decoración típica de estas fechas.

Flora: la metamorfosis de los patios

Cada otoño el Festival Internacional Flora (festivalflora.com) conecta los patios tradicionales cordobeses con el arte floral contemporáneo. Con una temática diferente en cada edición, esta cita anual invita a los principales artistas del mundo a realizar una obra *in situ* y reinterpretar el patio donde se ubica. El resultado es una mirada artística sobre lo floral más allá de lo decorativo y festivo. El belga Mark Colle, el colectivo danés Tableu o el florista de la casa real británica Shane Connolly han participado en este festival que durante cinco días de octubre ofrece actividades en torno a las múltiples conexiones entre arte y naturaleza atrayendo a visitantes de todo el planeta.

Explorar

La Corredera
y el Potro

Nadie debería abandonar la ciudad sin asomarse a la Corredera, la plaza grande de Córdoba, la única con espíritu de plaza mayor en Andalucía. Cobija bares con terrazas y algún comercio con sabor al pasado chamarilero del lugar. La plaza del Potro (p. 79), la más literaria de la ciudad, se halla en zona de museos.

Lo esencial

○ **Posada del Potro (p. 79)** *Antigua posada del s. XVI que guarda un museo dedicado al flamenco donde aprender la historia y los palos de este arte. El visitante acabará tocando el cajón.*

○ **Museo Julio Romero de Torres (p. 81)** *El pintor de la mujer morena, símbolo de una ciudad, un país y una época, vivió en la casa que hoy acoge una parte de su obra.*

○ **Museo Arqueológico (p. 82)** *Tesoros íberos, romanos, árabes, judíos y cristianos en un museo cuyos cimientos descansan sobre el antiguo teatro de la Corduba romana.*

○ **Bodegas Campos (p. 82)** *Una sucesión de casas-patio en un laberinto con aroma de bodega y más de un siglo de antigüedad. Uno de los restaurantes con taberna con más solera de la ciudad.*

Cómo llegar

🚌 1, 3 y 7 para visitar las zonas de la Corredera y el Potro; en las paradas de las calles Diario de Córdoba y San Fernando, popularmente conocida como de la Feria, todo queda a unos pasos. Se puede subir esta última calle desde la Ribera, donde tienen parada las líneas 1, 3, 7 y 12. El microbús C2 pasa y para en la plaza de la Corredera.

Plano de la zona en p. 78.

Plaza del Potro. KIEV.VICTOR/SHUTTERSTOCK ©

Las mejores experiencias

Gozar de la luz y el color de la plaza de la Corredera

La única plaza porticada con sabor a plaza mayor en Andalucía. Un balcón al cielo del casco histórico, un espacio de convivencia que Pío Baroja describió como un "vivo cuadro impresionista, lleno de luz y color". Su nombre deriva de los juegos de cañas y festejos taurinos, del correr de toros y caballos en el s. XVII. El mercado, sus tiendas y terrazas la convierten en un lugar palpitante.

 PLANO P. 78, D2

🚌 1, 3, 7, 12. El C2 tiene parada en la propia plaza.

Un espacio público

La estrecha calle del Toril, que converge en la plaza trapezoidal, revela el pasado de este lugar, hecho para el comercio, los actos públicos y la fiesta. Sus balconadas-palcos daban más seguridad a los espectadores de los festejos taurinos, aunque los sermones piadosos y las celebraciones populares también formaron parte de este escenario.

Esencia de mercado

La principal función de la Corredera a lo largo de su historia ha sido la de mercado. Aún conserva en sus soportales tiendas con artículos de mimbre y esparto, y algún que otro bazar de cacharrería y antiguallas. El edificio principal y más antiguo de la plaza fue cárcel y fábrica de sombreros. Hoy acoge un animado mercado de abastos y un centro cívico en su planta superior.

Historia negra

No solo de festejos vivió esta plaza. También fue escenario de autos de fe de la Inquisición y allí se alzó el patíbulo de ejecuciones mediante horca o garrote. El último ajusticiamiento en el lugar ocurrió en 1838 a un condenado apodado *El Ruchito*.

Casa de Doña Ana Jacinto

El único edificio diferente de la plaza, aparte del mercado, se debe a la personalidad de su propietaria, una noble llamada Doña Ana Jacinto de Angulo, quien a finales del s. XVII ganó un pleito con la complicidad del rey que impidió la demolición de su casa. El inmueble lo ocupa hoy la sede cultural de la Universidad de Córdoba y expone la colección del Premio Internacional de Fotografía Pilar Citoler.

Polifemo y Galatea

En la década de 1960, la construcción de un mercado bajo la plaza hizo emerger del subsuelo unos magníficos mosaicos que decoraron una villa romana en los ss. II-III. Guirnaldas, motivos geométricos, la Medusa, Eros y Psique y, sobre todo, el gigante Polifemo y la ninfa Galatea componen una iconografía que se puede admirar en el Salón de Mosaicos del Alcázar (p. 56).

Una plaza del siglo XXI

El arquitecto y artista Juan Cuenca remodeló esta plaza a finales del s. XX concibiéndola como "un patio de la ciudad". Su intervención pintó de colores barrocos las fachadas –rojo, verde y ocre–, aumentó la plataforma peatonal y diseñó el mobiliario urbano creando un paralelismo entre la historia, la tradición, la arqueología y los materiales de Córdoba.

A B C D

Jardín-Huerto de Orive

1 C. Claudio Marcelo

C. María Cristina

C. Capitulares

C. Conde de Cárdenas

C. Rodríguez Marín

16

11 24

C. Diario de Córdoba

C. Pedro López

C. Juramento

C. Tundidores

12

13

25

Plaza de la Corredera

2 C. Reloj

C. Fernando Colón

C. San Fernando

UCO Cultura-Universidad de Córdoba

26

6

C. Pedro Muñoz

Plaza de la Corredera

Plaza del Socorro

C. Pompeyos

C. Ambrosio de Morales

C. Maese Luis

23

C. Sánchez Peña

Plaza de las Cañas

C. Prensa

21

Plaza de la Paja

C.P. Cosme Muñoz

Fundación Antonio Gala

5

3

C. Marqués del Villar

C. San Fernando

9

C. Huerto San Pedro el Real

C. del Llano

C. Tierra Andaluza

C. Tornillo

8

C. Candelaria

Plaza de Jerónimo Páez

15

C. Antonio del Castillo

C. San Eulogio

C. Armas

C. Grajea

Casa del Agua

4

C. Portillo

Museo de Bellas Artes de Córdoba

7

4 C. Julio Romero de Torres

20

C. San Francisco

C. Romero Barros

3

1

Plaza del Potro

C. de Lineros

C. Badanas

19

2

Posada del Potro

22

Reseñas en:

●	Principales puntos de interés	p. 76
●	Puntos de interés	p. 79
✕	Dónde comer	p. 82
☐	Dónde beber	p. 86
✦	Ocio	p. 88
🔒	De compras	p. 89

C. Enrique Romero Torres

C. de Lucano

5

C. San Fernando

Paseo de la Ribera

Río Guadalquivir

N 0 100 m

10

18

17

Plaza Cruz del Rastro

Plaza de Abades

C. Cardenal González

C. Cara

C.P. del Cueto

C. Amparo

14

Ronda de Isasa

Puente de Miraflores

6 Plaza Alhóndiga

A B C D

Puntos de interés

Plaza del Potro
PLAZA

1 PLANO P. 78, C4

La plaza más literaria de la ciudad presume de cervantina, ya que es nombrada en el tercer capítulo del *Quijote,* tal y como recuerda un azulejo en la fachada del antiguo Hospital de la Caridad. Lugar donde antiguamente se vendían potros y mulas, fue foco de la picaresca desde la Edad Media por donde paseaban comerciantes, mercaderes, arrieros, tratantes, jugadores y meretrices. El lugar tuvo seis posadas durante siglos, aunque hoy la única que pervive es la Posada del Potro, convertida en Centro Flamenco. Esta zona se ha convertido en distrito de museos, y al citado dedicado al flamenco y al maestro Fosforito, se unen los de Bellas Artes y Julio Romero de Torres, quien fue vecino del Potro, ambos con acceso desde la plaza. Su famosa fuente, coronada por un potro rampante, es una de las más populares de Córdoba.

Posada del Potro-Centro Flamenco Fosforito
MONUMENTO-MUSEO

2 PLANO P. 78, C5

Esta antigua posada del s. XVI posee todo el sabor gracias a su patio empedrado, encalado y coronado por una galería con balaustrada de madera. Hoy alberga el Centro Flamenco dedicado al maestro del cante Fosforito. Su museografía, con moderna tecnología, permite al visitante conocer este arte inasequible: entender el compás de fandangos, verdiales, granaínas o tarantas; la posibilidad de tocar un cajón equipado con auriculares para seguir el compás de una hemiola; sumergirse en "el flamenco en el tiempo" y hasta oír hablar a las piedras. En su planta superior también está el humilde trono de los reyes del cante, la silla de anea. (📞 957 476 829; centroflamencofosforito.cordoba.es; pza. del Potro s/n; gratis)

Museo de Bellas Artes de Córdoba
MUSEO

3 PLANO P. 78, C4

El recorrido más completo por la historia de las artes plásticas cordobesas lo ofrece este museo ubicado en el antiguo Hospital de la Caridad, centro sanitario que estuvo activo desde el s. XV hasta el s. XIX. El padre de Romero de Torres, Rafael Romero Barros, fue el primer conservador de este museo en el último cuarto del s. XIX, por lo que la casa familiar se localiza en este recinto al que se accede por un patio romántico. La colección recorre pintura y escultura medieval, renacentista, manierista, barroca y contemporánea en la que destacan artistas como Antonio del Castillo, Juan de Alfaro, Valdés Leal, el Equipo 57 y el depósito de esculturas de Mateo Inurria. En la antigua capilla del hospital se encuentran las joyas del museo, a cuya planta superior se accede por una

Arco del Portillo

En el lienzo oriental que cerraba la muralla de la medina, a lo largo de la que es en la actualidad la calle San Fernando o La Feria, como se la conoce popularmente, se conserva este pequeño acceso. Se trata de un sencillo arco de medio punto abierto en el grueso Muro de Enmedio en el s. XIV para facilitar la comunicación entre la medina y la Axerquía. Al traspasarlo, se entra en el entramado de callejuelas y queda a la izquierda la hermosa calle Cabezas.

escalera con artesonado mudéjar y decoración mural. (☏957 103 659; www.museosdeandalucia.es/web/museodebellasartesdecordoba; pza. del Potro s/n; adultos/ciudadanos UE 1,50 €/gratis; ☺9.00-21.00 ma-sa, 9.00-15.00 do; ☐3, 4, 7, 16)

Casa del Agua   CENTRO DE INTERPRETACIÓN

4 ◉ PLANO P. 78, B4

El subsuelo de la ciudad también es un laberinto de aguas subterráneas que bajan de la sierra hasta el río. Unos acuíferos que ya fueron canalizados por los romanos y gracias a los cuales hoy existen casas antiguas en el centro de la ciudad con acceso a manantiales. Restos arqueológicos e infraestructuras pertenecientes a diferentes épocas componen este centro único en España dedicado a la representación del ciclo natural e histórico del agua en la ciudad de Córdoba. Localizado en una hermosa casa con patio, a través de este hilo conductor se explican los usos y costumbres de sus habitantes, su evolución en el tiempo y las dificultades para acceder a su consumo. (☏647 535 635; www.lacasadelaguacordoba.es; c. Portillo, 6-8; adultos/estudiantes/niños 5/3 €/gratis; ☺visitas guiadas 10.15, 11.30, 12.45 mi-lu; ☐3, 4, 7, 16)

Fundación Antonio Gala   CENTRO CULTURAL

5 ◉ PLANO P. 78, A3

Un antiguo convento de monjas dominicas se convirtió hace dos décadas en la sede de la Fundación Antonio Gala para jóvenes creadores. Cercano a la casa familiar donde el escritor pasó su infancia y juventud, Gala murió en el apartamento privado que poseía en este espléndido edificio, en el que el autor de *El manuscrito carmesí* aseguraba que olía a "santidad". La exposición permanente de la fundación, situada en la antigua sala capitular, recorre la trayectoria vital y profesional del escritor, mostrando primeras ediciones de su obra, manuscritos inéditos, entrevistas, fotografías, premios y objetos personales. Son también frecuentes, en una sala junto al compás de entrada, las exposiciones temporales tanto de artistas consagrados como de residentes en la institución. La visita también gira sobre la historia del

Museo Julio Romero de Torres

En una parte de la casa donde nació, vivió y murió el pintor Julio Romero de Torres (1874-1930) se halla el museo monográfico dedicado al artista. De titularidad municipal e inaugurado poco después de su muerte, la colección reúne alrededor de 70 obras del pintor que supo "sentir y exaltar" todo el alma de su ciudad en los fondos de sus cuadros y en los ojos de sus mujeres. El recorrido va desde el entorno familiar, con un retrato de su padre, el también pintor Rafael Romero Barros, al misticismo y la espiritualidad sensual de los personajes de sus obras. El retrato ocupa un lugar importante en toda una galería de la época, ya que el artista pintó a la aristocracia y a las clases populares, pero sobre todo, retrató la esencia de las mujeres. Más allá del superficial tipismo que la dictadura franquista otorgó a sus imágenes, detrás de los ojos negros de las mujeres de Romero de Torres está el símbolo de un país y de una ciudad. Son mujeres de carácter orientalizante que conectan al pintor con el simbolismo europeo. Entre las joyas de este museo están obras como *Nuestra señora de Andalucía* (1907), *Poema de Córdoba* (1913), *La gracia* y *El pecado* (1915), *Cante hondo* (1929) o *La chiquita piconera* (1930). (📞957 491 909; museojulioromero.cordoba.es; pza. del Potro s/n)

Patio del antiguo Hospital de la Caridad y actual Museo de Bellas Artes y Museo Julio Romero.

La Corredera y el Potro Puntos de interés

Museo Arqueológico

Los cimientos y parte de la cávea (el graderío) del teatro romano de Corduba, construido en s. I d.C., se encuentran bajo el Museo Arqueológico de la ciudad. La escena se extendía hasta donde hoy se ubica la plaza de Jerónimo Páez y en la fachada frente al museo se encontraba el frente escénico. En la planta sótano del recorrido asoman escaleras de acceso a pasillos, restos de bóvedas, de decoración y hasta del mármol para sentarse o las canalizaciones de este antiguo y enorme teatro, del que el museo también expone una maqueta. En este museo las piedras explican la historia de la ciudad desde sus orígenes hasta el Renacimiento. Destaca su colección romana, con una Afrodita agachada, mosaicos y un sarcófago paleocristiano, así como la colección andalusí, con un cervatillo de bronce procedente de Medina Azahara o piezas de la famosa cerámica verde manganeso. (📞957 355 517; museosdeanda lucia.es/web/museoarqueologicodecordoba; pza. Jerónimo Páez s/n)

edificio que alberga la fundación, el antiguo convento del Corpus Christi. (📞957 487 395; fundacionan toniogala.org; c. Ambrosio de Morales, 20; gratis)

UCO Cultura
CENTRO CULTURAL

 6 PLANO P. 78, C2

La sede cultural de la Universidad de Córdoba (UCO) se asoma a la plaza de la Corredera desde la antigua casa de Doña Ana Jacinto (s. XVI). Este centro aporta contemporaneidad al barrio, ya que es un espacio que irradia la programación cultural universitaria. Centrado en la poesía, el cine y la fotografía contemporánea, además de albergar los grandes proyectos culturales en marcha de la UCO, en sus galerías se expone de forma permanente la colección de los ganadores del Premio Inter-

nacional de Fotografía Pilar Citoler. (📞657 730 549; uco.es/cultura; pza. de la Corredera, 40; gratis)

Dónde comer

Bodegas Campos
ANDALUZA €€-€€€

7 PLANO P. 78, D4

Con más de un siglo de existencia, esta antigua bodega es actualmente uno de los restaurantes con más solera de Córdoba. Una sucesión de casas-patio conforman una agradable maraña de salones y espacios llenos de vegetación en los que da gusto perderse entre nombres como El Chinero o La Sacristía. Allí han probado su esmerado bocado desde personalidades del flamenco hasta la realeza, como bien muestran las andanas de botas

Patio del Museo Arqueológico (p. 82).

de roble firmadas por visitantes ilustres. En su mezcla de tradición cordobesa e innovación destacan las verduras de temporada y los guisos tradicionales, además de unos postres gloriosos. También se puede degustar su deliciosa gastronomía de forma más asequible en la taberna. (📞957 497 500; www.bodegascampos.com; c. Lineros, 32)

Ermita de la Candelaria

ANDALUZA €€-€€€

8 ❌ PLANO P. 78, D3

La amable sonrisa del restaurador Javier Campos recibe al visitante en este restaurante en el que se aúnan una ermita del s. xv y una antigua casa solariega. Comedores de diversos formatos, patios y una terraza componen un plácido espacio que se inspira en las míticas casas de comidas cordobesas de principios del s. xx. y en el que es posible degustar una deliciosa cocina tradicional con toques repletos de personalidad. La mazamorra de almendras con sardina ahumada o la ensaladilla de gambas con aceite afrutado son algunos de los deliciosos entrantes que se ofrecen en la carta. Entre los platos principales destacan la pluma ibérica de bellota a la parrilla o su versión del anglosajón *roast beef,* que se completan con aromáticos postres y una no menos interesante bodega. (📞957 738 968; www.ermitacandelaria.com; c. Candelaria, 2)

La Boca

INTERNACIONAL, TABERNA FAST FOOD €-€€€

9 PLANO P. 78, B3

La huella de las influencias orientales y el amor por el producto local se funden en este restaurante que ofrece platos cocinados con ingredientes de la huerta de Maribel, el alma de este lugar. Destacan sus pinchos de bacalao rebozados en almendra con ajoblanco, las sabrosas *gyozas* de verduras o el andalusí cuscús con pollo y cebolla caramelizada. El menú vegano que ofrecen los días laborables por 10 €, incluida bebida e inolvidable postre, es espectacular. Cruzando su patio lleno de vegetación, la taberna **El Perro Andaluz** ofrece cocina de fusión de calidad y en versión *fast* a un precio más asequible y con una litrona en lugar de vino, si así se prefiere. (957 476 140; c. San Fernando, 39)

Garum 2.1

TAPAS €€-€€€

10 PLANO P. 78, C5

Cocina imaginativa a base de productos tradicionales en un local de dos plantas y azotea con vistas donde degustar platos o tapas. En su 'medallero' hay tapas premiadas como el salmorejo amontillado, las manitas de cerdo crujientes o el churro de rabo de toro con chocolate. En el interior, un tramo de la antigua muralla que separaba la medina de la Axerquía pone el toque histórico. (957 487 673; garum2punto1.com; c. San Fernando, 120-122)

Ermita de la Candelaria (p. 83).

ERMITA DE LA CANDELARIA©

El Astronauta INTERNACIONAL, CAFÉ €€

11  PLANO P. 78, B1

En este local lleno de buen rollo, donde hay menús, clubes de lectura de ciencia ficción o conciertos, fluye el cariño al producto y a la clientela de Pablo y Maribel, los anfitriones. La modernidad en la decoración y el ambiente se une a la sencillez en unos platos coloridos y frescos donde destaca la musaka, la *pastela* de pollo crujiente o sus ensaladas. Tienen platos vegetarianos y un popular menú diario los días laborables. (📞957 491 123; elastronauta.es; c. Diario de Córdoba, 18)

Taberna Salinas CORDOBESA €€

12  PLANO P. 78, C2

En una antigua casa con patio y tradición hostelera desde finales del s. XIX se encuentra esta popular taberna. "Una joyita tallada con el paso del tiempo", en palabras del alma de este lugar, el tabernero Manuel Jiménez. En su zona de barra reina la autenticidad y es el lugar ideal para dar bocado a una tapa rápida con una copa de vino. En el patio y los salones se saborea genuina cocina cordobesa: berenjenas con miel de caña, albóndigas en caldo de puchero, el adobo cordobés en la fritura de la japuta y su recomendable ensalada de naranjas picás con aceite y bacalao. (📞957 482 950; taberna salinas.com; c. Tundidores, 3)

La Cazuela de la Espartería CORDOBESA €€

13  PLANO P. 78, C2

Tapas y raciones de esencia cordobesa en un ambiente rústico y agradable, de taberna de toda la vida. Siempre ambientada, en la amplia carta de La Cazuela no falta nada y puede saborearse en la barra, en un barril, en el patio o en alguno de sus salones. Aparte de los clásicos de la cocina tradicional cordobesa, de su carta no hay que perderse las alcachofas con rabo de toro, el lomo de orza con torta de Zújar o cualquiera de las variantes de sus berenjenas. Los postres del abuelo no se acompañan con café, ya que no tienen máquina, como manda la tradición en la taberna cordobesa. (📞957 488 952; lacazueladelaesparteria.es; c. Rodríguez Marín, 16)

El Pimentón TABERNA €€

14  PLANO P. 78, B6

Taberna con terraza en la ribera del Guadalquivir con buena comida casera ofrecida en tapas y raciones. Abren temprano y sirven un estupendo desayuno andaluz. Para almorzar y cenar destaca su pescado frito, además de los huevos rellenos y el flamenquín de gambas que sobresalen entre los platos tradicionales cordobeses. En su bodega hay vermú y buenos vinos. (📞957 485 415; c. Ronda de Isasa, 4)

La Cávea

TABERNA €€

15 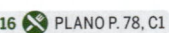 PLANO P. 78, A4

Una de las terrazas más sugestivas de la ciudad emerge sobre la que fue escena del teatro romano de Corduba. De esencia casi secreta, el nombre de este bar se debe al romano graderío teatral. La paz y el sosiego del lugar se rodean de las fachadas del Museo Arqueológico, las escaleras de la cuesta de Pero Mato, la buganvilla de la conocida popularmente como "Casa del Judío" y el rumor del agua de la fuente. En la terraza se puede beber buen vino de Montilla Moriles de su propia bota acompañado de pescado fresco malagueño y de un jamón ibérico servido por un cortador *in situ* en la misma terraza. (957 484 532; pza. Jerónimo Páez s/n)

Panzamorena

PASTA FRESCA BIO-STREET FOOD €€

16 PLANO P. 78, C1

Una luminosa mesa compartida domina este espacio informal en cuya pizarra ofrecen *pizzas*, raviolis, *tortellinis*, tallarines, lasañas o quiches, además de bollería. Todo elaborado a diario, hecho con harinas ecológicas y de manera artesanal sin conservantes ni aditivos artificiales, incluidos sus refrescos. Funciona como bistró y también como tienda. Los tallarines de calabaza con semillas de amapola son riquísimos y ofrecen pasta rellena de multitud de ingredientes. Su

rulo de *pizza* con espinacas y queso de cabra es sensacional. (957 941 610; panzamorena.es; c. Pedro López, 1)

Dónde beber (y tapear)

La Bicicleta

BAR

17 PLANO P. 78, C5

Un bar con pocos años de vida pero convertido en un clásico de la ciudad. Sus zumos naturales, frutas y verduras adornando la barra, sus tostas y tartas a precio asequible, la decoración retro y el lienzo de muralla de la antigua medina dando punto histórico al local han atrapado a lugareños y a extraños, tanto que es difícil encontrarlo algo despejado. Además, es uno de los pocos bares en la ciudad de la Mezquita en los que los perros son bienvenidos. (666 544 690; c. Cardenal González, 1)

Sojo en rama

TABERNA

18 PLANO P. 78, C5

La barra es el epicentro de esta bonita taberna con taburetes altos y azulejos. Quien la visita se sienta en primera fila para ver cómo la magia culinaria de la chef Celia Jiménez se desarrolla ante tus ojos. Ofrecen desde su pizarra embutidos de los Pedroches y quesos artesanales locales, además de conservas *premium* y tapas típicas de taberna cordobesa con la sorpresa de sus creaciones efímeras en platos de temporada. Los vinos locales, vermús y la caña bien tirada ponen la guinda. (☎ 674 259 112; c. Lucano, 8)

Sociedad de Plateros San Francisco
TABERNA

19 🍷 PLANO P. 78, C4

Templo de bebedores del fino Montilla Moriles, la taberna decana de la ciudad es de origen gremial y lleva abierta sin interrupción desde 1872. A un paso de la plaza del Potro, fue frecuentada por vecinos tan ilustres como la familia Romero de Torres en la primera mitad del siglo pasado o los 'subversivos' miembros del Círculo Juan XXIII en tiempos de la dictadura. Una de sus salas está dedicada al ex alcalde y político Julio Anguita. Tras la barra de mármol blanco, su serio personal es el símbolo del tabernero "mala

follá" cordobés y, a pesar de ello, el lugar goza de una excelente popularidad entre la ciudadanía por su tapeo con buenos vinos de cosecha propia, como Peseta, Platino y el oloroso Oro Viejo. (☎ 957 470 042; c. San Francisco, 6, entrada también por c. Romero Barros)

El Arbolito
ZUMOS

20 🍷 PLANO P. 78, B4

Zumos multifrutas y batidos naturales, tostadas con aguacate y queso feta, semillas de chía, tazones de frutas y cereales, tés y cafés para el desayuno, además de cerveza helada o Bloody Mary para la hora del aperitivo son algunas de las alegrías que ofrece El Arbolito. Como guinda, en este minúsculo, cosmopolita y secreto local situado junto al Arco del Por-

Terraza de La Cávea (p. 86).

BAR LA CÁVEA ©

tillo, bajo los naranjos de la calle de la Feria, siempre se escucha buena música. Sin duda, es como un pequeño oasis. (☎ 957 941 085; c. San Fernando, 84)

Ocio

Revelociona
BAR

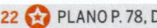 21 ★ PLANO P. 78, D3

Es este un local que emplea la bicicleta como arma para educar e intentar cambiar el mundo. La francesa Manon y el cordobés Julio, las dos almas del lugar, ofrecen, en una esquina cercana a La Corredera, cultura de la bici a todo aquel que se acerque a su espacio. Ocio, deporte, cultura y turismo se aúnan en sus rutas "listas para pedalear" por las murallas, al atardecer, por Medina Azahara, la Campiña o la Vía Verde del Aceite. También pueden diseñar rutas a medida. (revelociona.wixsite.com; pza. de La Almagra, 7)

Amapola
BAR

22 ★ PLANO P. 78, D5

Uno de los bares míticos de la noche cordobesa que en los últimos años ha extendido su acción al tapeo a cualquier hora. Manteles de hule en su terraza mirando al río y música con mucho criterio en el interior gracias a sus DJ invitados, sin olvidar sus cócteles, son las marcas de la casa. Un lugar imprescindible para cazar el espíritu de la 'otra' Córdoba. (☎ 957 484 083; paseo de la Ribera, 9)

Los Cuatro Gatos
BAR

23 ★ PLANO P. 78, C3

Bar con mucho sabor en una plaza tras la Corredera, ideal tanto para tomar cañas y vinos con un tapeo informal, como para un vermú o una copa de cava. Siempre ambientado, es tan agradable su interior y su terraza como beber y conversar de pie junto a la fachada. La sonrisa de Pepa, la señora del lugar, suele acompañar y puede sorprender cualquier almuerzo con un guiso para la clientela. Los perros aman el bar, y el local a los canes. (pza. de las Cañas, 14)

Jazz Café
CLUB DE JAZZ Y BLUES

24 ★ PLANO P. 78, C1

Entre el templo romano y la Corredera se encuentra este otro templo del *jazz* y el *blues* en Córdoba que programa *jam sessions* algunos días laborables. Lugar de referencia, tal vez el único que puede sacar al visitante de esta latitud y llevarlo hasta Nueva Orleans, siempre está lleno de gentes diversas y de cualquier parte del mundo demostrando la universalidad del lenguaje de la música. Merecen la pena sus mojitos. (☎ 957 481 473; c. Rodríguez Marín, 1)

La inaudita
LIBROS Y VINOS

25 ★ PLANO P. 78, C2

Espacio de cultura, libros de segunda mano y vinos en la bajada hacia La Corredera. Presentacio-

JAZZ CAFÉ ©

Jazz Café (p. 88).

nes, micros abiertos, exposiciones, pequeños festivales y sus libros circulares hacen de este lugar joven (puesto en marcha de manera cooperativa por una gestora cultural y dos arqueólogos) un punto de encuentro de la cultura cordobesa. (lainaudita.com; c. Rodríguez Marín, 20)

De compras

La Manoli ARTESANÍA

26 🔒 PLANO P. 78, C2

El último comercio superviviente de lo que fue la Corredera canalla de otro tiempo, llena de chamarileros, esparteros, tiendas de libro viejo y cachivaches de toda condición, abrió hace más de 75 años. El negocio artesano de Manuela Palomo Pérez es conocido en Córdoba como "La Manoli", y mucho antes de que el telecomercio explotara, ella ya llevaba mesas de brasero a las casas en su carretilla. Vende artesanía de madera, esparto, forja y lienzos de distintas firmas, además de presumir de que Ava Gadner pasó por su tienda. La Manoli es el último gran personaje de la Corredera, una mujer coraje y un negocio auténtico tanto a proteger como a visitar. (pza. de la Corredera, galería del Arco Alto)

Circuito a pie 🥾

Corduba romana

Qurtuba fue capital del mundo en época omeya seguramente porque Corduba fue colonia patricia en la etapa romana. Fundada por el general Claudio Marcelo en el s. II a.C., no es fácil reconocer el pasado romano de la ciudad en grandes monumentos, ya que estos sirvieron de cantera para edificaciones posteriores, pero sí existen multitud de huellas.

Datos

Inicio Puente Romano
🚊 3, 12

Final Yacimiento arqueológico de Cercadilla 🚊 3, 4, 10, 11

Distancia 3,3 km; 4 h

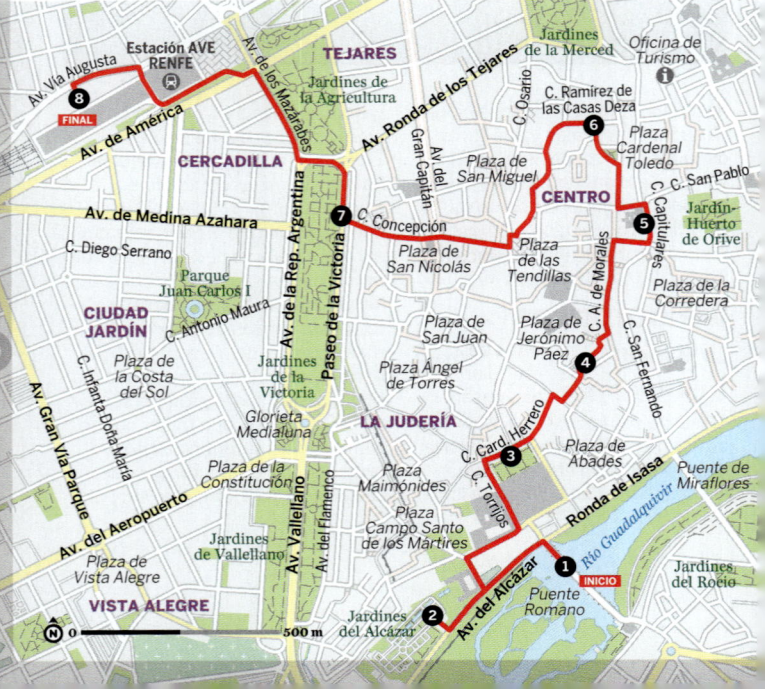

❶ Puente Romano

Bajo la mirada de la Mezquita, esta vía sobre el Guadalquivir (p. 48) es el monumento más antiguo de la ciudad. Lo han cruzado romanos, visigodos, musulmanes y cristianos, aunque hoy su carácter romano tan solo se intuye.

❷ Mosaicos y sarcófago en el Alcázar de los Reyes Cristianos

El salón de mosaicos del Alcázar (p. 56) acoge una gran colección de obras en esta técnica encontradas en la plaza de la Corredera procedentes de una casa noble romana. Un sarcófago del s. III completa la colección romana.

❸ Miliarios del Patio de los Naranjos

En su día, grandes bloques de piedra marcaban la distancia entre ciudades. Cuatro de estos hitos de la antigua Vía Augusta se conservan en el Patio de los Naranjos de la Mezquita (p. 46).

❹ Museo Arqueológico

Aparte de guardar cientos de piezas, desde objetos cotidianos a estelas de gladiadores, pasando por la colosal escultura *Thoracata,* el Museo Arqueológico (p. 82) se asienta sobre los restos del teatro romano más grande de Hispania.

❺ Templo romano

Este antiguo templo de mediados del s. I d.C. era lo primero que veían los viajeros desde la Vía Augusta al acercarse a Córduba.

Las 10 columnas corintias que hoy se erigen son una reconstrucción, pero dan medida de lo que fue el templo, recreado en una maqueta en el Museo Arqueológico.

❻ La casa romana del Bailío

El modelo de *domus* nobiliaria romana se ve desde el patio con suelo transparente del hotel Palacio del Bailío. Pinturas, mosaicos y grandes columnas de lo que fue un atrio de principios del s. I d.C. sitúan con probabilidad estos restos como uno de los ejemplos hispanos más antiguos de este tipo de vivienda.

❼ Monumentos funerarios de Puerta Gallegos

El hallazgo de los cimientos de dos mausoleos funerarios permitió su reconstrucción y convertir sus interiores en un centro de interpretación del mundo funerario romano. *Sit tibi terra levis* ("Que la tierra te sea leve") es la cita más repetida en las inscripciones.

❽ Yacimiento arqueológico de Cercadilla

El antiguo palacio de Maximiano Hercúleo, del s. III y con una tipología desconocida en Hispania, fue descubierto y parcialmente destruido con las obras de la estación de ferrocarril. Parte de los restos de este edificio de grandes dimensiones, que prueba la relevancia de Córduba en época bajoimperial, son visitables.

Explorar ⊚

La Axerquía

El casco histórico de Córdoba se extiende hasta el infinito y más allá, y presume de ser uno de los más extensos de Europa. Con grandes dosis de autenticidad y en la orilla del cogollo turístico, integró desde el s. IX una serie de arrabales que hoy conforman populares barrios declarados Bien de Interés Cultural. Donde hubo mezquitas se alzan iglesias medievales que responden a un modelo gótico-mudéjar. Un viaje que discurre entre plazas, jardines, tabernas y hasta cines de verano.

Lo esencial

∘ **Ruta por las iglesias medievales (p. 94)** Parroquias que responden a un modelo netamente cordobés que mezcla románico y gótico y donde algunos campanarios guardan alminares.

∘ **Palacio de Viana (p. 101)** Sucesión de casas-patio que conforman un palacio convertido en Museo de los Patios por los 12 que alberga más un jardín.

∘ **Jardín-Huerto y Sala Orive (p. 100)** Antigua sala capitular convertida en espacio cultural con acceso desde un parque que fue huerto conventual.

∘ **Cines de verano (p. 104)** Espacios históricos que han sobrevivido a la destrucción de la fiebre del ladrillo. Auténtica memoria cultural de la ciudad aún en uso.

Cómo llegar y desplazarse

🚌 1, 3, 4, 7, 12, con paradas en el perímetro de la Axerquía, desde plaza de Colón hasta la Ribera; línea C2 para adentrarse intramuros en los barrios que conforman esta zona llena de callejuelas peatonales.

Plano de la zona en p. 98.

Iglesia de San Pedro en la lejanía (p. 96).
ALBERTO CERVANTES/SHUTTERSTOCK ©

Circuito a pie

Ruta por las iglesias medievales

Muchas de las iglesias fundadas tras la conquista cristiana de Córdoba en el s. XIII se levantaron sobre mezquitas de barrio. Algunas de sus torres aprovecharon los antiguos alminares desde los que se llamaba a la oración. Estas parroquias medievales responden a un 'modelo cordobés' que mezcla raíces románicas y caracteres góticos, además de la tradición hispanomusulmana que pervivió a través de los mudéjares.

Datos

Inicio Santa Marina

Final Santiago

Duración 2,4 km; 4 h

El Cabildo Catedral de Córdoba ofrece una ruta por algunas iglesias (5 € no residentes en Córdoba, gratis menores de 10 años y adultos con entrada de la Mezquita; 10.00-14.00 y 15.00-18.00 invierno, 9.00-15.00 y 17.00-19.00 verano).

❶ Santa Marina

Manolete mira desde su monumento cañí hacia el admirable rosetón de una de las iglesias medievales más antiguas de Córdoba. Su fachada con aspecto de fortaleza y su campanario renacentista guardan en su interior artesonados y yeserías mudéjares junto a los elementos característicos de la arquitectura religiosa medieval cordobesa. No hay que perderse la capilla bautismal mudéjar del s. xv.

❷ San Agustín

El suelo empedrado de la restaurada plaza de San Agustín guía hasta la portada de este convento fundado en la Edad Media cristiana. De su aspecto interior originario conserva el crucero y el triple ábside cubierto por bóvedas de crucería, ya que a principios del s. xvii esta iglesia se convirtió en barroca llenándose de yeserías, pinturas y esculturas. Sus grandes frescos hacen de ella la particular Capilla Sixtina cordobesa, además de albergar uno de los más aclamados grupos escultóricos del barroco, la *Virgen de las Angustias*, tallada por el cordobés Juan de Mesa en 1627.

❸ San Lorenzo

La más hermosa de las iglesias medievales de la ciudad da la bienvenida con un espléndido rosetón gótico-mudéjar y con un pórtico de sabor castellano. Construida sobre la antigua mezquita del barrio de al-Mugira, donde vivió el poeta y filósofo Ibn Hazn, de ello da testimonio una escondida inscripción cúfica en el pequeño parque delante del templo, además de los restos del alminar incorporado al primer cuerpo de la torre y que se pueden ver en el interior de la iglesia. También hacen único este templo los frescos italogóticos que emergieron de las paredes de su capilla mayor, datados en el s. xv. Por último, resulta curioso observar el singular giro de 45 grados que adopta el cuerpo superior de campanas con respecto a su vecino de abajo.

❹ La Magdalena

Este templo pasó del culto religioso a templo de la cultura en abril de 1999, tras su restauración y desacralización, resurgiendo de sus propias cenizas. Se trata del único espacio medieval de la ciudad donde escuchar un concierto o disfrutar de una exposición. A pesar de sus elementos modernos restaurados, como el artesonado o el rosetón de la fachada principal, es una de las construcciones más tempranas de este grupo de iglesias y el que marcó el 'modelo cordobés' de estas parroquias.

❺ San Andrés

Esta es una de las iglesias más curiosas de la ciudad, una suerte de palimpsesto arquitectónico que nació medieval y se convirtió en barroca incorporando a su espacio la construcción original. Los brazos del crucero de este templo barroco son la antigua iglesia medieval, cuya portada es la que hoy asoma a la calle Fernán Pérez de Oliva. Su campanario también se gira 45 grados, al igual que el de la cercana San Lorenzo.

❻ San Pablo

Tan solo una portada barroca y la bajada a un callado patio transportan a otra dimensión. Así es la rutilante llegada a este magnífico templo gótico-mudéjar que conserva en su nave central el artesonado del s. XIV. Más desconocida es la historia de Leonor López de Córdoba, que vale la pena descubrir, enterrada en la capilla del Rosario del templo: una mujer nacida en el s. XIV y autora de uno de los primeros documentos autobiográficos de las letras castellanas. La música la pone el singular carillón de 32 campanas adquirido en la Exposición Universal de Paris de 1900.

❼ San Francisco

El origen medieval de esta parroquia se esconde tras su fachada barroca, pero es revelado en algunos elementos de su arquitectura interior. Un buen ejercicio ante su portada consiste en buscar los dragones que aparecen esculpidos en varios bajorrelieves, un elemento enigmático en un templo cristiano, ya que estos animales mitológicos se consideraban enviados por el demonio. En el costado izquierdo de la iglesia e incorporados a una plaza

de la ciudad se conservan dos lados de dos plantas del antiguo claustro conventual, fechado en 1683.

❽ San Pedro

Una portada renacentista para una sobria iglesia medieval decorada con retablos barrocos. Construida sobre una basílica mozárabe dedicada a varios mártires cristianos, cuenta la leyenda que en el s. XVI se hallaron en San Pedro las reliquias de los Santos Mártires cordobeses. Dentro de una urna de plata se exponen a la veneración estos "huesos de santo" en una capilla dedicada a tal fin, por lo que el papa Benedicto XVI otorgó a esta parroquia el distintivo de basílica menor.

❾ Santiago

El pórtico neoclásico que recibe en esta iglesia lleva a sus huellas medievales doblando la esquina, en la fachada que asoma a la estrecha calle Ronquillo Briceño, más conocida popularmente como calle del Viento. También persiste su rastro omeya, ya que en el interior del templo quedó bien visible la base del primitivo alminar, con sus arquillos de herradura, de la mezquita de barrio que se alzó en este lugar; se trata de los restos de uno de los alminares andalusíes más antiguos de los conservados en la ciudad, datado a finales del s. VIII o principios del s. IX.

Frescos medievales en el interior de la iglesia de San Lorenzo (p. 95).

La Axerquía

A
B
C
D

Glorieta Llanos del Pretorio

Av. de los Molinos

Av. de las Ollerías

Plaza Pintor Rafael Biti

1

Av. de América

🔴 **4**
Torre de la Malmuerta

Plaza de la Lagunilla

C. Mayor de Sta Marina

C. Carlos Arruza

C. Alarcón López

🟢 **14**

C. Tafures

C. Aceituno

Acera de Guerrita

Plaza de Colón

Jardines de la Merced

SANTA MARINA

C. Marroquíes

Pje. de la Estrella

C. de Santa Isabel

C. Zarco

C. Reja

Plaza de Don Gome

2

C. Doce de Octubre

C. Reyes Católicos

Plaza Puerta del Rincón

A. Adarve

C. Imágenes

🔵

Oficina de Turismo

C. Enrique Redel

Av. Ronda de los Tejares

C. del Cano

C. Osario

C. Burell

C. Conde de Torres Cabrera

Plaza de Capuchinos

C. Juan Rufo

C. Santa Marta

🟢 **10** ✕ C. Cidros

3

Plaza de Vaca de Alfaro

🟠 **16**

🟢 **13**

C. Alfaros

Plaza de los Carrillos

Plaza Cardenal Toledo

C. Carbonell y Morand

Av. del Gran Capitán

C. Góngora

C. Cruz Conde

Plaza de Capuchinas

CENTRO

🟠 **17**

C. San Pablo

C. Villalones

2 🔴
Sala Orive

4

C. de la Morería

Plaza de los Buñuelos

C. de Alfonso XIII

C. Capitulares

1 🔴
Jardín-Huerto de Orive

C. Conde de Gondomar

Plaza de San Nicolás

Plaza de las Tendillas

C. Claudio Marcelo

C. María Cristina

C. R. Marín

C. Pedro López

C. Sevilla

🔵

Oficina de Turismo

C. Reloj

C. Ambrosio de Morales

C. San Fernando

Plaza de la Corredera

C. Pedro Muñoz

C. Maese Luis

Plaza de las Cañas

Plaza de la Paja

C. Tornillo

5

Plaza del Dr. Emilio Luque

N 0 _____ 200 m

Reseñas en:

🔴 Puntos de interés p. 100
✕ Dónde comer p. 102
🟢 Dónde beber p. 106
🟠 Ocio p. 107
🔒 De compras p. 108

Plaza de Jerónimo Páez

C. Grajea

C. de Lineros

6

C. del Rey Heredia

Plaza del Potro

Paseo

LA JUDERÍA

A
B
C
D

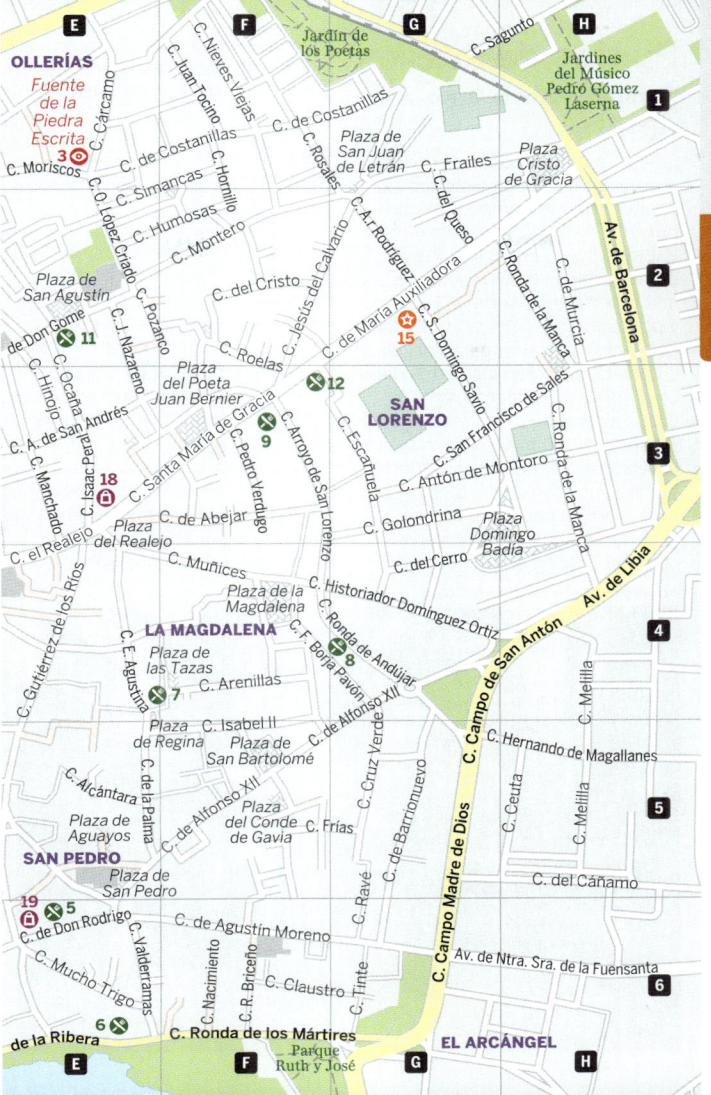

OLLERÍAS

*Fuente
de la
Piedra
Escrita*

Jardín de
los Poetas

Jardines
del Músico
Pedro Gómez
Laserna

C. Sagunto

C. de Nieves Viejas

C. Juan Tocino

C. Cárcamo

C. O. López Criado

C. de Costanillas

C. Simancas

C. Hornillo

C. de Rosales

C. de Costanillas

C. Montero

C. Humosas

Plaza de
San Juan
de Letrán

C. Frailes

Plaza
Cristo
de Gracia

C. del Queso

C. A.T. Rodríguez

C. Moriscos

C. del Cristo

C. Jesús del Calvario

C. de María Auxiliadora

C. S. Domingo Savio

C. de Murcia

Av. de Barcelona

Plaza de
San Agustín

de Don Gome

C. J. Nazareno

C. Pozanco

C. Roelas

SAN
LORENZO

C. San Francisco de Sales

C. Ronda de la Manca

Plaza
del Poeta
Juan Bernier

C. Ocaña

C. Hínola

C. A. de San Andrés

C. Isaac Peral

C. Santa María de Gracia

C. Arroyo de San Lorenzo

C. Escañuela

C. San Francisco de Sales

C. Antón de Montoro

C. Ronda de la Manca

C. Manchado

C. Pedro Verdugo

C. de Abejar

Plaza
del Realejo

C. Golondrina

Plaza
Domingo
Badía

Av. de Libia

C. el Realejo

C. Muñices

C. del Cerro

C. Historiador Domínguez Ortiz

Plaza de la
Magdalena

LA MAGDALENA

C. Ronda de Andújar

C. Gutiérrez de los Ríos

Plaza de
las Tazas

C. E. Agustina

C. Arenillas

C. F. Borja Pavón

C. Campo de San Antón

C. Hernando de Magallanes

C. Melilla

Plaza
de Regina

C. Isabel II

C. de Alfonso XII

Plaza de
San Bartolomé

C. Cruz Verde

C. Ceuta

C. Alcántara

C. de la Palma

C. de Alfonso XII

Plaza
del Conde
de Gavia

C. Frías

C. de Barrionuevo

C. Campo Madre de Dios

C. Melilla

Plaza de
Aguayos

SAN PEDRO

Plaza de
San Pedro

C. de Don Rodrigo

C. Valdertamas

C. Ravé

C. del Cáñamo

C. Mucho Trigo

C. de Agustín Moreno

C. Nacimiento

C. R. Briceño

C. Claustro

C. Tinte

Av. de Ntra. Sra. de la Fuensanta

de la Ribera

C. Ronda de los Mártires

Parque
Ruth y José

EL ARCÁNGEL

3

11

15

12

9

18

8

7

5

19

6

Puntos de interés

Jardín-Huerto de Orive PARQUE

1 👁 PLANO P. 98, D4

En este mágico espacio verde en el corazón del casco histórico es posible parar el tiempo. Antiguo huerto del vecino convento de San Pablo, el parque está flanqueado por el palacio de Orive, cuya fachada trasera asoma al jardín, y por la antigua sala capitular del convento. Bajo su vegetación, en el subsuelo, duermen los restos del circo romano, así como algunas casas almohades. Sus texturas verdes recuerdan a los huertos, a la vega y a la campiña cordobesas y entre sus árboles destaca el ceibo o árbol de coral. Se recomienda explorar sus espacios secretos, como el callejón en recodo que conecta el jardín con el templo romano de Capitulares. (entrada por c. Huerto de San Pablo o pza. de Orive; ⏰ 7.00-23.00 lu-do)

Sala Orive MONUMENTO, ESPACIO CULTURAL

2 👁 PLANO P. 98, D4

Una antigua sala capitular renacentista que nunca llegó a finalizarse y que se convirtió en romántica ruina rescatada en el s. XXI como espacio para la cultura. Conservando el estado inacabado de sus muros originales e incluso respetando la enorme grieta que provocó en uno de ellos el terremoto de Lisboa de 1755, la sala se cubre con una retícula de vigas y vidrio para convertirse en sede anual del Festival Cosmopoética, así como en espacio versátil para

Patio en el palacio de Viana (p. 101).

RUDI1RNST/SHUTTERSTOCK ©

Palacio de Viana

La Caja Provincial de Ahorros de Córdoba adquirió esta casa solariega en 1980 con la complicidad del entonces alcalde, Julio Anguita. Fue este, junto a una ciudad que siempre se ha movilizado por su patrimonio, quien impidió que la última marquesa que habitó el palacio, conformado por una sucesión de casas-patio, sacase de él sus tesoros artísticos. La mansión conserva la atmósfera de haber sido habitada por varias casas aristocráticas a lo largo de cinco siglos en su medio centenar de salones y galerías, donde se muestran notables colecciones de muebles, pinturas, tallas, tapices, lámparas, porcelana y otros objetos suntuarios. No obstante, son sus patios y jardines los que dan la fama a Viana: 12 patios diversos más un jardín con más de 80 variedades de plantas que han otorgado a este palacio el título de Museo de los Patios. El patio cordobés, heredero de la tradición romana y árabe, tiene además en este lugar su más amplia representación histórica. Desde el Patio de los Gatos, patio de vecinos de origen medieval, a los patios renacentistas símbolos de poderío y linaje, como el Patio de Recibo y el Patio de las Rejas; el mejor representante del barroco cordobés es el Patio del Archivo, y el refinamiento del jardín romántico puede verse en el Patio de la Madama y el Jardín de Viana. (📞957 496 741; www.palaciodeviana.com; pza. de Don Gome, 2; solo patios/visita combinada 7/11 €, gratis 14.00-17.00 mi; 🕐10.00-19.00 ma-sa 10.00-15.00 do sep-jun, 9.00-15.00 ma-do jul-ago)

conciertos y exposiciones. (📞957 485 001; Jardín de Orive s/n; gratis; 🕐10.30-13.30 y 17.30-20.30 ma-sa, 10.00-14.00 do)

Fuente de la Piedra Escrita

FUENTE

3 🎯 PLANO P. 98, E1

La visita a esta fuente urbana es la gran excusa para callejear por la confluencia de barrios tan castizos y populares del casco histórico como Santa Marina, San Agustín y Las Costanillas. En la esquina de la calle Moriscos con Cárcamo se encuentra esta fuente barroca construida en 1721, cuyos dos caños están sustentados por pequeños leones de mármol blanco y que tradicionalmente fue lugar de reunión de las vecinas a la hora de ir a buscar el agua para sus casas. Sobre el origen de su poético nombre existen dos versiones, una que se refiere a la placa de su construcción y otra a una piedra de origen romano que existió encima del arco. (c. Moriscos esq. c. Cárcamo)

Torre de la Malmuerta ARQUITECTURA DEFENSIVA

4 🎯 PLANO P. 98, C1

Terminada de construir a principios del s. xv, esta torre ochavada se unía a la muralla de la ciudad mediante un puente que fue defensivo. Pero seis siglos de historia le han otorgado un uso más pacífico, ya que fue prisión de la nobleza, observatorio astronómico, polvorín, cámara de fumigación en tiempo de epidemias y hasta museo para exaltar a los cordobeses participantes en la aventura americana. Conserva en su interior un salón octogonal cubierto por bóveda que fue sede de la Federación Cordobesa de Ajedrez a finales del s. xx.

Su descriptivo nombre se rodea de leyenda y fantasía sobre la muerte de los comendadores de Córdoba y una falsa acusación de adulterio que cayó sobre la esposa de uno de ellos. (pza. de Colón esq. c. Ollerías)

Dónde comer

El Patio de María   CORDOBESA €€

5 ✖ PLANO P. 98, E6

A este precioso y auténtico patio que acoge restaurante y alojamientos no le falta nada: un limonero centenario, paredes encaladas, geranios y sillas de enea. La casa fue morada de un obispo en el pasado, también fue patio de vecinos y hasta una platería. Hoy es sede de la Cofradía del Flamenquín Cordobés,

---

"Be-sayuno" en el Patio del Posadero   🍽️

Con el permiso de los tradicionales jeringos cordobeses, este hotel-*boutique* escondido en la maraña de callejuelas de la Axerquía ofrece el mejor desayuno de la ciudad. Los posaderos son Lisa y José Manuel, veronesa ella y de la comarca Subbética él. Ambos rescataron una hermosa casa con patio cordobés del s. xv, cercana al Guadalquivir, que guarda la historia de haber sido taller de platería, laboratorio de capotes artesanales y posada de navegantes. En su cálido salón con chimenea y cristalera al patio ofrecen un desayuno-*brunch* casero hecho con amor al detalle y magníficos productos ecológicos de la tierra: los mejores aceites de oliva del mundo, la mayoría de la Subbética cordobesa, ibéricos de Los Pedroches y quesos con pan, pan de verdad, zumos de frutas, kéfir casero, yogur con semillas, bizcochos deliciosos y café o té humeante. Un menú a elegir de sabrosos besos que cambia cada temporada. No hace falta estar alojado en el hotel para degustarlo, pero, eso sí, hay que reservarlo con al menos un día de antelación. La placentera experiencia queda grabada en la memoria y en el gusto durante largo tiempo. (📞957 941 733; patiodelposadero.com; c. Mucho Trigo, 21, esq. calleja del Posadero)

DAVID IONUT/SHUTTERSTOCK. ©

Torre de la Malmuerta (p. 102).

que se puede degustar aquí de mil maneras. Los más originales: de almendras, de espárragos, cortijero con chistorra, de pringá, de rabo de toro o de boletus y espinacas. (☏ 610 289 400; www.elpatiodemaria.com; c. Don Rodrigo, 7; principales 18 €; ⏱ almuerzo y cena mi-do)

Cocina 33 INTERNACIONAL €€

6 ✖ PLANO P. 98, E6

David y Gloria, los propietarios de este establecimiento, pusieron el número al nombre de su restaurante por pura superstición. De estilo callejero en su interior, con grafitis y muebles reciclados, posee en el exterior una soleada terraza mirando al río. En su carta, una mezcla de sabores, desde la carne de cocodrilo a quesos internacionales, cocina tailandesa,

mexicana o americana. En realidad, productos de kilómetro 0 combinados con las ideas que recogen de sus viajes al extranjero. (☏ 957 110 278; paseo de la Ribera, 34; principales 15-20 €; ⏱ almuerzo do y ma; almuerzo y cena mi-sa)

Regina TABERNA €-€€

7 ✖ PLANO P. 98, E5

En una placita del barrio de La Magdalena está otra de las tabernas centenarias de Córdoba. Fundada en 1904, sus muros y su patio son memoria tabernaria de la ciudad. Tiene una agradable terraza bajo naranjos donde degustar sus famosas patatas bravas con una salsa espectacular. Juanma, el actual propietario, ha rescatado las albóndigas al estilo de "El gallego" servidas en taza y con caldo que

Cines de verano históricos

¿Qué sería del caluroso verano cordobés sin los cines de verano? Este casco histórico es el único que conserva cuatro de estos espacios estivales en la Axerquía, convertidos en auténtica memoria cultural de la ciudad. El Coliseo, el más antiguo, lleva en activo desde 1935. Este cine, que aún guarda el escenario de un antiguo teatro en su interior, y el Cine Fuenseca se hallan en el barrio de San Andrés. Al Fuenseca lo acoge una casa con torreón y fuente, declarada Bien de Interés Cultural. En cuanto a los otros cines veraniegos que sobreviven, el Olimpia se encuentra entre San Agustín y Santa Marina, y el Delicias, en San Lorenzo. Ver una película en una noche de junio, julio, agosto o septiembre en alguno de estos vergeles es sentir el frescor en el rostro y el olor a dama de noche y jazmín; es tomar un bocado en el ambigú durante el intermedio, ver pasar un gato sobre la cornisa de la pantalla o deslizarse una lagartija sobre la cara de Clint Eastwood o de Penélope Cruz. La desaparecida Esplendor Cinemas protagonizó la hazaña de recuperar estas terrazas desde la década de 1980, en las que se sigue programando cine comercial y de autor, además de conciertos y otros eventos. (Coliseo: c. Fernán Pérez de Oliva, 6; Fuenseca: pza. de la Fuenseca, 1; Olimpia: c. Zarco, 14; Delicias: c. Frailes, 10)

son, además de muy cordobesas, sumamente reconstituyentes. (📞957 479 074; pza. de Regina s/n; 🕐 almuerzo y cena ma-sa, almuerzo do)

Anyfer
MESÓN €€-€€€

8 ❌ PLANO P. 98, G4

Otro imprescindible de la cocina casera, es este pequeño mesón en el barrio de La Magdalena. Cocina cordobesa, excelentes frituras de pescado, atún sensacional y una de las mejores ensaladillas rusas de esta latitud, servidos en barra o en mesa de mármol blanco. Tampoco desmerecen su selección de carnes y unos postres sencillamente gloriosos. Sirven desayuno andaluz a la altura de su cocina.

(📞957 251 017; c. Francisco Borja Pavón, 16; 🕐 desayuno, almuerzo y cena lu-sa, almuerzo do)

La Cuchara de San Lorenzo
DE AUTOR €€€

9 ❌ PLANO P. 98, F3

Esta casa de barrio reformada, llena de color y toques de contemporaneidad, tiene dos plantas y terraza casi enfrente del rosetón de San Lorenzo. Acoge un estupendo restaurante que su chef, Paco López, junto a su familia ha convertido en una referencia gracias a un estupendo producto. Ofrecen cocina cordobesa de autor, modernizada y sin frivolidades. Buenísimas son sus patatas bravas o la ensalada de verduras frescas, aunque no decepciona nada de la carta ni de sus productos del día. Aquí hay cariño en cada plato, también en cada botella de su excelente vinoteca. (📞957 477 850; www.lacucharadesanlorenzo.es; c. Arroyo de San Lorenzo, 2 🕐almuerzo y cena ma-sa, almuerzo do y lu)

El Patrón

PIZZERÍA €€

10 🍴 PLANO P. 98, D3

Entre San Andrés y Santa Marina, en una casa del s. XVIII, abre sus puertas esta pizzería muy querida por los cordobeses desde la década de 1980. En su patio y salones se puede degustar cocina italiana sin pretensiones, con una amplia variedad de pasta, *pizzas* y ensaladas. Algunas propuestas tienen un toque muy cordobés, como la

pizza Patrone, que lleva carne con ajo y huevo. (📞957 484 970; www.pizzeriaelpatron.com; c. Enrique Redel, 3; 🕐cena lu-vi, excepto mi, almuerzo y cena sa y do)

El Rincón de las Beatillas

TABERNA €€

11 🍴 PLANO P. 98, E2

Esta antigua taberna de San Agustín presume de que Federico García Lorca pasó aquí la larga noche del Viernes Santo de 1935 mientras esperaba ver pasar la procesión de la Virgen de las Angustias. Así lo testimoniaron varios acompañantes antes de su muerte, como queda reflejado en las paredes y en la carta del lugar. Peñas flamencas, taurinas y comida típica cordobesa se dan cita en los salones y el patio de esta casa donde se degusta

El Patio de María (p. 102).

PATIO DE MARÍA SL. ©

e

La primavera caracolera

La tradición popular de comer caracoles en Córdoba viene de antiguo, pero fue a partir de la década de 1960 cuando la ciudad comenzó a llenarse de puestos cada primavera para degustar estos gasterópodos. Hoy unos 40 puestos de caracoles se dan cita entre febrero y junio, tanto en el casco histórico como en los barrios extramuros. Entre las variedades de guisos que se pueden probar están los de caracoles chicos en caldo, cabrillas en salsa, caracoles gordos y los picantones. El puesto clásico es el de la plaza de la Magdalena, uno de los decanos, que desde 1965 sirve todas las variedades, a las que se unen los explosivos, solo para paladares valientes. En otros puestos se han atrevido a innovar más allá de las recetas de siempre, como en Caracoles Noreña (en av. Isla Fuerteventura y calle Policía Local Marisol Muñoz), en la moderna zona de Poniente, donde ofrecen caracoles a la cerveza con espuma suave de alioli, caracoles al *funghi* o en salsa al jerez con champiñones. Al norte de la ciudad, en Caracoles Cruz de Juárez (calle Escultor Fernández Márquez) apuestan por los caracoles gordos en salsa, a la serrana, a la carbonara, en salsa de rabo de toro, en salsa de chorizos al infierno, con callos, con salsa de ají de pollo, con *teriyaki,* al roquefort, al curri o con gambas.

buen vino, tapas, raciones y suculentos guisos de jabalí a la serrana, venado en salsa o arroces. Y de postre, pastel cordobés con una copa de Pedro Ximénez. (📞957 483 336; www.tabernabeatillas.com; pza. de Las Beatillas, 1; 🕐almuerzo y cena ma-sa, almuerzo do)

El pórtico de San Lorenzo
TABERNA €€

12 ❌ PLANO P. 98, F3

Espacio blanco y luminoso con una agradable terraza en una calle peatonal que mira hacia la hermosa iglesia medieval de su nombre. Taberna de barrio con barra larga que ofrece tapas y raciones que combinan cocina tradicional, como el salmorejo o las papas aliñás, con otras más elaboradas, como el *risotto* de boletus y presa ibérica, el pan *bao* de rabo de toro o el *tataki* de solomillo ibérico. Su plato estrella, las croquetas de pringá y entre sus caldos brilla el vino de Montilla Moriles, también muy presente en algunas de sus elaboraciones culinarias. (📞957 156 888; Pl. de San Lorenzo, s/n; 🕐almuerzo y cena ma-sa, almuerzo do)

Dónde beber

Taberna La Fuenseca
TABERNA

13 🍷 PLANO P. 98, D3

Esta taberna abrió como despacho de vinos bajo el reinado de Isabel II. Desde entonces, 1850, ha permanecido abierta y hoy es un rincón de encuentro para creadores populares como pintores, escultores, poetas, carnavaleros y flamencos. De su pasado sobrevive una estela de autenticidad, así como su consagración a la cultura y al arte, un ambiente al que acompaña el buen vino de la tierra. Entre sus parroquianos ilustres fue asiduo en las primeras décadas del s. xx el escultor Mateo Inurria, vecino del barrio. La filosofía del lugar se resume en el cartel firmado por el tabernero que cuelga de su puerta: "Abro cuando llego, cierro cuando me voy, si llegas y no estoy es que no hemos coincidido". (📞 615 811 134; c. Juan Rufo, 20, esq. Conde de Arenales; 🕐 11.00-23.00 lu-vi, 11.00-15.00 sa)

La Sacristía · TABERNA

 14 PLANO P. 98, D1

Decorada con numerosas fotos de toreros y con trajes de luces en vitrinas, esta taberna del barrio de Santa Marina es un lugar de encuentro de aficionados a la fiesta nacional, así como de cualquiera que quiera encontrar buen vino de Moriles, acompañado de montaditos variados a degustar en su barra o sobre un barril, en sus mesas de azulejo o en su terraza de callejuela. El malaje tras su barra ya forma parte de la leyenda de esta taberna. (📞 606 406 989; c. Alarcón López, 3; almuerzo y cena ma-sa, almuerzo do)

Ocio

Teatro Avanti · TEATRO

15 ⭐ PLANO P. 98, G2

El único teatro de barrio de la ciudad está en San Lorenzo, concretamente en el antiguo salón de actos del Colegio de los Salesianos. Se trata de un proyecto de ciudad, privado, con mecenazgo institucional y empresarial, donde se exhiben producciones artísticas de todo tipo: teatro, circo, pintura, música, diseño o danza. Muy centrado en programas didácticos dirigidos a niños y jóvenes, su filosofía es la de fomentar las artes escénicas y apostar por la cultura como un valor de futuro. De hecho, se define como "una fábrica de experimentación y creación artística, y a la vez, un lugar de encuentro y disfrute para todos", ya que también es centro de formación escénica. (📞 957 491 166; www.teatroavanti.com; c. María Auxiliadora, 17)

El lenguaje de los balcones

Callejear por Córdoba, y sobre todo por la Axerquía, también implica doblar una esquina y posar los ojos en un verso colgado en alguna ventana. Desde estas lonas, diseñadas y con versos escogidos por el artista José María García Parody, los balcones hablan al caminante: "Alrededor de tu piel ato y desato mi vida" (Miguel Hernández).

Limbo

BAR

16 ⭐ PLANO P. 98, C3

Desde que el papa decidiera cerrar las puertas del limbo creyente, este Limbo profano consagró definitivamente a Córdoba como "una ciudad de la periferia de París". Tal vez esa frase resuma el espíritu de este bar donde al cruzar su puerta, se para el tiempo. Una antigua casa de gruesos muros y azotea, pequeña sala de conciertos y patio lleno sabor donde todo pasa lento. En la década de 1990 fue templo alternativo de referencia, escenario natural de Juan Antonio Canta, "el cantor de tragedias y comedias", cuyos temas están encalados también en sus paredes. Hoy continúa siendo bar y espacio para la cultura, un lugar para toda esa gente cuyo limbo particular se encuentra en los bares. (c. Juan Rufo, 2; ⏱20.00-2.00 lu-sa)

Automático

PUB

17 ⭐ PLANO P. 98, C4

El bar del músico y productor Fernando Vacas es el espacio de la tribu *indie* en la ciudad desde hace varios lustros. El bar, que abrió con su amigo tristemente desaparecido Manolo Flow, al que le pusieron el nombre de una canción de su grupo, es el lugar culpable de amarrar a Vacas a su ciudad. El Automático es un local con entreplanta donde beber, bailar y ver conciertos, pero, sobre todo, un punto de encuentro de creadores y gentes de la cultura. Ni una solo noche, pinche quien pinche, se ha bajado el listón de calidad de su selección de música. Por aquí han pasado en acústico desde Julieta Venegas a Jota de Los Planetas, pasando por Joe Crepúsculo, Kiko Veneno o Sr. Chinarro. No es por nada que en su cabina brille como un mantra una letra de los Smiths: *There's a light that never goes out* ("Hay una luz que nunca se apaga"). (📞620 605 986; www.automaticomusicbar.com; c. Alfaros, 4; ⏱17.00-hasta cierre vi-mi)

De compras

Las Yerbas

HERBORISTERÍA

18 🔒 PLANO P. 98, E3

Charo Rivas es una de las decanas en Córdoba dedicadas a vender productos naturales, ecológicos, saludables y respetuosos con el medio ambiente. Su tienda de barrio suma para una ciudad más amable y sostenible, tanto para los cordobeses y los visitantes como para las generaciones futuras. En sus vitrinas hay productos de alimentación, cosméticos, medicinales e industriales, muchos de firmas cordobesas y de proximidad. (📞957 478 836; c. Santa María de Gracia, 1; ⏱9.30-14.30 y 16.30-21.00 lu-ju, 10.00-13.30 vi y sa)

Juana Martín

ATELIER Y TIENDA

19 🔒 PLANO P. 98, E6

Una de las diseñadoras más versátiles de la moda española, con colecciones como Redemption en *prêt-à-porter* o La niña de la India en flamenca, abrió su

Superhéroes de barrio con estrella (Michelin): El Choco y Noor

En dos barrios obreros cordobeses, alejados del cogollo turístico, brillan tres estrellas Michelin gracias a dos chefs de la joven cocina andaluza. En la Fuensanta está **El Choco** (c. Compositor Serrano Lucena, 14), donde Kisko García, con una estrella Michelin, cocina Andalucía con esencia de autor. Entre sus propios fogones ofrece, en *petit comité*, sus menús de alta cocina, aunque su restaurante se desdobla en gastrobar en la parte donde estuvo El Choco original, el bar familiar. Allí, en el interior o en una terraza con tarima flotante, se puede degustar de manera más informal desde raciones cordobesas a cocina internacional siempre con el producto por bandera. Tanto a él como a Paco Morales les une José Ángel Soler, profesor de la Escuela de Hostelería de Córdoba, donde ambos comenzaron sus estudios de cocina. Otro paralelismo es que estos dos cocineros han sido fieles a sus raíces a la hora de levantar sendos restaurantes en sus barriadas de origen. Traspasar la puerta y entrar en la caja de **Noor** (c. Pablo Ruiz Picasso, 8), en el barrio de Cañero, supone viajar a otra dimensión de la gastronomía. Con tres estrellas Michelin alcanzadas en tan solo siete años de existencia, Morales ha puesto a Córdoba en el mapa de la cocina mundial ofreciendo literalmente al comensal la oportunidad de comerse la historia. Sus menús andalusí (s. X), de los Reinos de Taifas (s. XI), Almorávides & Almohades (s. XII-XIII) o Nazarí (s. XIV) —cada temporada se dedica a un período medieval de esta latitud— son fruto de una concienzuda investigación que lo han convertido en uno de los cocineros con más proyección del momento.

primera tienda en Córdoba en el 2007. La que sobrevive en la ciudad se encuentra en su barrio, en San Pedro, en una casa con patio y macetas con geranios. Los elementos flamencos, florales, coloridos, con lunares y volantes son las raíces de la moda que firma esta diseñadora y que la han hecho desfilar en medio mundo.

En su tienda cordobesa, se pueden adquirir todos los productos de la línea Juana Martín, desde modelos de fiesta a trajes *prêt-à-porter,* vaqueros, camisetas, caftanes, bolsos, ropa de deporte de la línea Gipsy Sport y todo tipo de complementos. (☏ 957 486 481; www.juanamartin.es; c. Don Rodrigo, 1; ⏱ 10.00-14.00 y 16.00-18.00 lu-vi)

Explorar ⊕
El centro

El epicentro de la ciudad comercial bulle en las Tendillas, una plaza cuadrada vigilada por el Gran Capitán montando a caballo. Los rasgueos flamencos de su reloj dan la hora a la algarabía de los alrededores, vertebrados en ejes peatonales desde la Mezquita, como en la icónica calle Cruz Conde (p. 113), la calle Gondomar o en el moderno bulevar del Gran Capitán. Rincones patrimoniales y plazas empedradas también asoman en el centro de Córdoba.

Lo esencial

○ **Capuchinos y el Bailío (p. 116)** *La plaza de Capuchinos y su cercana cuesta del Bailío también son "rincón incomparable" en las postales de Córdoba.*

○ **Centro de Arte Pepe Espaliú (p. 125)** *Centro de arte dedicado al artista cordobés que puso la enfermedad del sida en el centro de su obra.*

○ **Alminar de San Juan (p. 113)** *El único minarete omeya intacto de la antigua medina de Qurtuba. Otro exponente del arte califal cordobés..*

○ **Gran Teatro y Teatro Góngora (p. 121)** *Ópera, conciertos, la programación de la Orquesta de Córdoba, además de teatro, danza o espectáculos infantiles conforman la agenda de los teatros públicos cubiertos de la ciudad.*

Cómo llegar y desplazarse

🚌 1, 3, 7 y 12, con parada junto a la plaza de las Tendillas; también para el microbús C2, que circula por el casco histórico.

Plano de la zona en p. 114.

Plaza de las Tendillas. VALERY BARETA/SHUTTERSTOCK ©

Circuito a pie 🥾

Pasos por soleares

El centro comercial también esconde huellas de los diversos pasados de Córdoba, desde señales de la ciudad romana que duerme en el subsuelo hasta alminares omeyas, iglesias neoclásicas y espacios contemporáneos. Pasearlo invita a detenerse para una caña, un perrito caliente con el que soñaría cualquier neoyorquino y el mejor helado de este hemisferio. Todo al son de un reloj flamenco que parece marcar el ritmo de la ciudad.

Datos

Inicio/final Plaza de las Tendillas

Duración 1,3 km; 2-3 h

❶ Reloj de las Tendillas

La estatua del Gran Capitán domina esta plaza, corazón urbano de la ciudad. El reloj de su torre, inaugurado en la década de 1960, toca las horas y las medias por soleares y seguiriyas con los rasgueos de la guitarra flamenca de Juan Serrano.

❷ Bar Correo

Este histórico bar de 8 m² abrió en 1931 "en la mejor esquina de Córdoba" según su propietario. Desde allí, tira cañas de Cruzcampo para brindar animosamente en su puerta. (c. Jesús María, 2; 🕐11.00-15.30 y 20.00-23.00 lu-sa)

❸ Iglesia de Santa Victoria

Un imponente pórtico neoclásico da acceso a una iglesia de planta circular que merece una visita. Los escolares del colegio vecino la muestran los sábados. Su cúpula, en la que intervino el arquitecto Ventura Rodríguez, domina el techo de la ciudad. (pza. de Santa Victoria, 1; visitas: 678480990 y 670298752, info@monumentosunidos.es)

❹ Sala Vimcorsa

Dedicada al arte contemporáneo, se ubica en el palacete donde nació el duque de Rivas y que después fue casa de la empresa Carbonell. Hoy es la sede principal de la Bienal de Fotografía de Córdoba. En el mismo edificio está el centro de arte dedicado a Pepe Espaliú (p. 125). (📞957 477 711; www.vimcorsa.com/saladeexposiciones; c. Ángel de Saavedra, 9)

❺ Alminar de San Juan

Este minarete omeya es, exceptuando la Mezquita, el mejor exponente de arte califal de la ciudad y el único alminar intacto de la antigua medina de Qurtuba. Tanto el mirador como el alminar pasaron a formar parte en el s. XIX de la iglesia del Colegio de las Esclavas del Sagrado Corazón de Jesús.

❻ Un perrito en Lucas

El sabor de los perritos caseros de "El Lucas" abre los cajones de la pandilla o de quedadas para ir de procesiones. Se pueden pedir con tomate, mo-staza o mayonesa, con todo o con lo que apetezca. (📞957 478 321; c. Valladares, 1; 🕐mi-lu almuerzo y cena)

❼ Calle Cruz Conde

La arteria comercial del centro de Córdoba ganó su peatonalización para felicidad de los paseantes. Sobre su firme pueden leerse las configuraciones que presentaba la calle en otras épocas, incluida la romana. Hace unos años el proyecto fue galardonado con el Premio Jean Paul L'Allier.

❽ La Flor de Levante

Este establecimiento ya vendía helados en las Tendillas la tarde del 18 de julio de 1936. Sus helados son savia vital de la ciudad, con sabores tradicionales y contemporáneos. En su terraza también se sirve alcohol y sus gin-tonics con granizado de limón son de otro planeta. (📞957 474 004; pza. de las Tendillas, 3; 🕐Semana Santa-ppios otoño)

Reseñas en:

- 👁 Puntos de interés   p. 115
- ❌ Dónde comer   p. 116
- 🍷 Dónde beber   p. 120
- ⭐ Ocio   p. 120
- 🛍 De compras   p. 122

0   200 m

Av. de América

C. Doce de Octubre

C. Benito Pérez Galdós

C. Alhakén II

TEJARES

C. del Gran Capitán

C. Reyes Católicos

13

10

C. Fray Luis de Granada

17   9

C. de la Bodega

Av. Ronda de los Tejares

Av. de Cervantes

C. del Caño

C. Osario

C. Burell

C. Manuel Sandoval

Plaza de Vaca de Alfaro

C. Conde de Torres Cabrera

Plaza de Capuchinos

15

C. Ramírez de las Casas Deza

Jardines de la Agricultura

C. Córdoba de Veracruz

C. Conde de Robledo

C. Cabrera

Plaza de los Carrillos

C. Obispo Fitero

Plaza Cardenal Toledo

C. Carbonell y Morand

20

14

San Miguel

5

CENTRO

Círculo de la Amistad

Plaza del Escudo

6

C. Pintor Cuenca Muñoz

C. Menéndez Pelayo

C. Góngora

16

C. Cruz Conde

3

Plaza de Capuchinas

4

2

C. de Alfonso XIII

Jardines del Duque de Rivas

C. J. Zorrilla

C. de la Morería

Plaza de los Buñuelos

C. Diego de León

C. María Cristina

Jardines de la Victoria

C. Concepción

C. Conde de Gondomar

18

1

San Nicolás de la Villa

21

Plaza de San Nicolás

C. San Felipe

C. Sevilla

Plaza de las Tendillas

C. Claudio Marcelo

11

12

C. Conde de Cárdenas

8

19

C. Reloj

C. Eduardo Dato

C. Pérez de Castro

Plaza del Dr. Emilio Luque

C. Málaga

Oficina de Turismo

C. Juan de Mena

C. Ambrosio de Morales

Paseo de la Victoria

Paza de Ramón y Cajal

C. Lope de Hoces

C. Tesoro

Gral. Argote

Plaza de San Juan

C. Barroso

7

C. Juan Varela

C. Pompeyos

C. Jesús María

C. Puerta de Almodóvar

C. Tejón y Marín

C. Sánchez de Feria

C. Valladares

Pje. Saravia

Plaza Ángel de Torres

C. Fernández Ruano

C. Leiva Aguilar

C. Alta de Santa Ana

Plaza de Jerónimo Páez

C. A. del Castillo

C. Blanco Belmonte

C. del Rey Heredia

LA JUDERÍA

Puntos de interés

San Nicolás de la Villa IGLESIA

1 👁 PLANO P. 114, B4

Iglesia perteneciente al canon medieval cordobés y fundada por Fernando III, aunque lejos de la Axerquía. Situada en la antigua villa, su torre bajomedieval es la más antigua de Córdoba, construida en época de los Reyes Católicos, como acredita la lápida de su base. Se trata de uno de los iconos históricos en altura del centro de Córdoba, con un cuerpo octogonal en el que figuran dos pequeños bustos que el imaginario popular identifica con dos ladrones que intentaron robar en el templo y quedaron convertidos en estatuas de piedra. En su interior destaca la hermosa capilla del Bautismo,

renacentista y firmada por Hernán Ruiz II. (pza. de San Nicolás)

Círculo de la Amistad LICEO ARTÍSTICO

2 👁 PLANO P. 114, D4

Este antiguo casino del s. XIX se estableció en un antiguo convento de monjas, de ahí la belleza de sus patios, sobre todo del que fuera claustro principal atribuido a Hernán Ruiz III y fechado a finales del s. XVI. Deslumbra su salón liceo, construido en el s. XIX y decorado de decimonónicas maneras, en el lugar donde estuvo la antigua iglesia. Sus grandes lienzos muestran episodios de la historia de Córdoba en un salón que fue sede de los primeros cineclubs de la ciudad. En la escalera principal y en el vestíbulo superior se

Plaza de los Capuchinos (p. 116).

exponen seis interesantes pinturas simbolistas dedicadas a las bellas artes firmadas por Julio Romero de Torres. Supuestamente hay que ser socio para poder entrar, pero suelen dejar pasar para admirar sus tesoros y, con suerte, para tomar un vino y un bocado en su patio del fondo. (📞957 479 000; www.circuloamistad.com; c. Alfonso XIII, 14; 🕑9.00-1.00 lu-do)

San Miguel
IGLESIA

 3 PLANO P. 114, C4

Levantada sobre una mezquita, esta iglesia medieval, una de las fundadas por Fernando III, destaca por su armonía y sus elementos mudéjares, como el artesonado de la nave central. La capilla de los Vargas, utilizada como baptisterio, sorprende por su bóveda octogonal de crucería. En el exterior destacan el antiguo rosetón de la portada y la puerta lateral mudéjar del s. xv, con ecos omeyas en las dovelas decoradas de su arco de herradura apuntado. (pza. de San Miguel)

Dónde comer

Taberna San Miguel-Casa El Pisto
CORDOBESA €€

4 🍴 PLANO P. 114, C4

Fundada en el año 1880 como taberna-estanco en el barrio de San Basilio, en la actualidadd se ha convertido en una de las tabernas más famosas y con más solera de Córdoba. Por sus mesas han pasado artistas, toreros, intelectuales, hombres de ciencia, labradores, corredores y hasta la picaresca cordobesa. En ella era asiduo el padre de Manolete, un torero que también forma parte de la decoración. El ambiente de la taberna, con mantones y un azulejo de san Rafael en el patio, invita a beber un fino Montilla Moriles acompañando a una cocina tradicional de

---

Capuchinos y el Bailío, cal y cielo

El poeta del grupo Cántico Ricardo Molina describió la plaza donde reina el Cristo de los Faroles como "un rectángulo de cal y cielo". Esta plaza, que antes del s. xvi fue patio de carruajes de una casa noble y patio de convento, posee una atmósfera mística que invita a la soledad y al silencio. Los faroles de su famoso cristo lo iluminan tenuemente de noche y a sus pies siempre hay flores o velas encendidas. En la fachada de la iglesia de los Dolores, un mural de azulejos reproduce el cuadro *La saeta* de Romero de Torres, en cuyo fondo aparece esta plaza. Siguiendo por la callejuela del final se desemboca en la cuesta del Bailío. Hay que bajar su enchinada escalinata para regalarse una hermosa vista, la gran postal de la arquitectura palaciega y monacal cordobesa, con frondosa buganvilla incluida.

nota: desde el estupendo pescado frito a sus cordobesas albóndigas en caldo, que saben a historia popular, sin olvidar, por supuesto, su guiso del día, de cuchara, que sirven de lunes a viernes. (☎957 470 166; www.casaelpisto.com; pza. San Miguel, 1; ⊙almuerzo y cena lu-sa, cerrado do)

a la estupenda cocina donde brillan la ensaladilla de gambas, los boquerones al limón, el atún con aguacate, sus versiones del churrasco y un excelente chateaubriand, deja una más que agradable huella. (☎957 472 828; c. Conde de Torres Cabrera, 7; ⊙almuerzo y cena ma-sa, solo almuerzo do)

Los Berengueles ANDALUZA €€€

5 ✖ PLANO P. 114, C3

En una elegante casa con patio y jardín que perteneció a los marqueses de Valdeloro se ubica este restaurante y taberna de carta variada cuyo punto fuerte es el pescado y el marisco fresco, traído a diario desde Almuñécar. Cruzar su zaguán significa topar con la grata amabilidad de Miguel Doblas, el jefe de sala, que unida

Los Lobos MESÓN €€-€€€

6 ✖ PLANO P. 114, A4

Situado frente a la portada barroca de San Hipólito, este mesón, que es al mismo tiempo taberna y restaurante, ofrece tan agradable y profesional servicio como producto de primera calidad. Para empezar, su amor por el vino está presente en una bodega a la vista en uno de sus salones. La zona de barra resulta estupenda para tapear si

Los Berengueles.

se desea tomar algo más informal, aunque la calidad no desmerece nunca: verduras de temporada como tagarninas, collejas, espárragos y setas. También cuenta con pescado frito fresco de las costas andaluzas y carne de buey gallego entre su variada oferta, en la que no faltan arroces suculentos ni guisos de cuchara. (📞957 492 468; www.mesonloslobos.es; pza. de San Ignacio de Loyola,4; 🕐almuerzo y cena lu-do)

La Conchinchina

JAPONESA FUSIÓN €-€€

7 ❌ PLANO P. 114, C5

Gastronomía japonesa y peruana de fusión en un pequeño local rojo con tanta personalidad como su dueña y señora, la flamenca Rosario Vacas. Hay *sushi, temaki,* tartares, *gyozas,* sopa de miso, *poke bowls* y *noodles,* además de su increíble ensaladilla, para tomar o para llevar. Todo está cuidado, desde las lámparas hasta la música que suena, a veces con *sushi & music* en una sesión de DJ en el local. No abundan los japoneses en la ciudad y aún menos con el toque cordobés de saber mezclar en una tapa atún rojo macerado y papada ibérica sobre fondo de guiso de rabo de toro y coronado con una crema de ceviche peruano. (📞957 941 019; c. Ángel de Saavedra, 6 [pasaje]; 🕐almuerzo y cena lu-sa)

Munda

BAR €-€€

8 ❌ PLANO P. 114, D5

Agradable terraza y acogedor interior con buena música, siempre abierto para dar un bocado. En su carta, que rebosa *street food* de calidad, brillan con luz propia las hamburguesas 100% de ternera del valle de los Pedroches. También ofrecen la alternativa con pollo de corral o la opción vegetariana; especialmente deliciosa es la de garbanzos y espinacas. Se aconseja probar sus tartas o postres caseros. (📞957 943 987; c. Conde de Cárdenas, 3 🕐almuerzo y cena ma-sa, solo almuerzo do, solo cena lu)

Barra y Mesa

VINACOTECA €€-€€€

9 ❌ PLANO P. 114, A2

Una joya reciente de la gastronomía cordobesa donde su creador y chef, Rafael Bellido, ofrece más que interesantes recomendaciones del día en función de lo mejor que encuentra en el mercado. Aquí la carta nunca es igual y entre las especialidades de la casa están delicias del mar como boquerones, salmonetes, pijotas o acedías fritos, depende del día. No faltan tampoco los guisos tradicionales con "fondo de la abuela", como las pochas con rabo de toro, ni bocados exquisitos como las croquetas de boletus, los champiñones rellenos o las alcachofas sobre salmorejo cordobés. (📞957 806 984; c. Fray Luis de Granada, 7; almuerzo y cena lu-sa)

El Bar de Paco Morales

CORDOBESA €€-€€€

10 ❌ PLANO P. 114, B2

El local más informal del chef cordobés que cuenta con dos estrellas Michelin gracias a Noor

La casa de Manolete (y de la familia Ortega y Gasset)

El palacete construido en 1890 por el padre del filósofo Ortega y Gasset, cuya familia pasaba largas temporadas en Córdoba, fue en la década de 1940 la última morada del torero Manolete junto a su familia, la época en la que fue ídolo popular en medio planeta. La casa ha conservado las mismas estancias y patio de la época del torero, y ofrece a los comensales visitas guiadas antes del almuerzo y de la cena. Menú degustación o una completa carta en un restaurante al estilo de los clásicos franceses, con mantequilla al comienzo y quesos antes del postre, con gran presencia del producto local –de la huerta, la campiña, la sierra y la dehesa– de temporada. De su carta destaca una reliquia gastronómica: una receta de rabo de toro del s. xix facilitada por la académica Almudena Villegas. (☎661 316 044; www.lacasademanoletebistro.com; av. de Cervantes, 10; ☺almuerzo y cena lu-sa, solo almuerzo do)

se encuentra, a diferencia de su nave nodriza, en pleno centro de Córdoba. Una propuesta fresca, a pie de calle y con terraza, dirigida a todos los públicos. Su carta es un homenaje divertido a la ciudad a través del flamenquín ibérico con provolone, la cuajada de almendra con quisquilla cruda y aceituna negra, el bocatín de calamares con mayonesa de limón, las croquetas de guiso de cerdo más la *panna cotta* de leche de vaca con miel de caña y cacao de postre. Todo acompañado de los mejores vinos de la tierra y con la mirada del anfitrión desde las fotos que cuelgan en la pared, donde aparece en compañía de algunos de los mejores chefs, como Rodrigo de la Calle, Diego Guerrero o Juanjo López. (☎957 977 421; www.elbardepacomorales.com; av. Ronda de los Tejares, 16, pasaje Rumasa; ☺almuerzo y cena lu-sa)

La Gloria
BAR

11  PLANO P. 114, D4

Este local con aire sevillano, estantería modernista y un gran *collage* de fotos antiguas en sus paredes respira arte por los cuatro costados, desde la gracia de su personal al genio y figura de sus propietarios, Rafael y su hija Rocío, que heredaron el local familiar y le pusieron el nombre de una pastelería que allí se ubicó en los años veinte. Ofrecen ricas tapas y raciones y un menú diario con un precio-calidad imbatible. Además, es un bar con cocina siempre abierta. (☎957 477 780; c. Claudio Marcelo, 15; ☺desayuno, almuerzo y cena)

La Tarterie
TARTAS €€-€€€

12  PLANO P. 114, D4

En este pequeño local que huele a fábrica de chocolate se elaboran apetitosas tartas, magdalenas, *muffins, cookies,* bizcochos y dónuts, todo de forma natural y casera. Sus productos se pueden encargar para celebraciones o disfrutar en porciones en el local o su terraza junto a un rico café o un zumo natural. Entre sus *must* se encuentra la tarta de zanahoria recubierta por una mezcla de chocolate blanco y queso, el *brownie cheesecake,* la tarta de limón y merengue o la de cerveza negra. También ofrece dulces veganos y en verano combaten el calor con polos y helados artesanales. (📞957 944 183; c. Claudio Marcelo, 13. Cierra el lunes)

Dónde beber (y tapear)

Atrio
CAFÉ & COPAS

🔵 **13** 🔵 PLANO P. 114, B2

El Colegio de Arquitectos de Córdoba es un palacete construido en 1907 considerado la muestra más representativa de la arquitectura modernista en la ciudad gracias a una exquisita decoración exterior. En su patio se ubica este café, un pequeño refugio de suelo empedrado, árboles y reja donde desayunar, tomar el aperitivo, cafetear o llegar a las copas de la noche tanto en verano, con el frescor de la vegetación, como en invierno, con el calor de sus calefactores de terraza. (📞957 810 081; av. Gran Capitán, 32; 🕐8.00-2.30 lu-do)

D'Tapas Covap
IBÉRICOS

🔵 **14** 🔵 PLANO P. 114, C3

En el corazón de la ciudad, este local con azulejos y madera traslada al visitante a la esencia del valle de los Pedroches. Sus tapas y carnes de sabor ibérico pasan por el jamón, imprescindible, el salchichón o la caña de lomo de bellota, además de quesos y carnes provenientes de animales nacidos y criados en libertad en la dehesa pedrocheña. En su carta se cuelan platos más contemporáneos como el *steak tartar* de solomillo de bellota o el pan *bao* con pierna de cordero recental. Hasta la ensaladilla lleva jamón de bellota. (📞672 64 13 82; www.ibericoscovap.com/dtapas; Calle Góngora esquina Cruz Conde 🕐almuerzo y cena lu-sa).

Ocio

Spa Bodyna-Palacio del Bailío
BAÑOS ROMANOS

🔵 **15** ⭐ PLANO P. 114, D3

El Hotel Palacio del Bailío se localiza en una casa solariega declarada Bien de Interés Cultural, con vestigios de una impresionante villa romana del s. I d.C. bajo su patio principal (véase p. 141). Es el único hotel con baños romanos interiores y piscina exterior ubicada en un oasis de árboles frutales y plantas aromáticas. Desde la piscina de chorros del *spa* se pueden ver los vestigios romanos del atrio de la antigua casa, en cuyo subsuelo se hallan los restos de antiguas termas. Ofrecen paquetes especiales para relajarse y

El Gran Teatro y el Góngora, las luces de la ciudad

Los teatros son el termómetro de las ciudades, si barremos hacia lo local la cita de Mariano José de Larra. La Córdoba en la que nació el **Gran Teatro** (📞689 274 425; www.teatrocordoba.es; av. Gran Capitán, 3), en el último cuarto del s. xix, tuvo la visión de levantar uno de los primeros teatros andaluces en una de las grandes avenidas que ensancharon y dieron luz a la urbe. Hoy el principal teatro cordobés es de titularidad municipal gracias al activismo cultural que en la década de 1970 logró salvarlo de la piqueta. Ópera, conciertos, sede de la Orquesta de Córdoba, además de teatro, danza, programación infantil y hasta circo y pregones conforman una agenda anual que tiene pocos días de respiro en su escenario, bajo una enorme lámpara de cristal de bohemia y la ambientación de color rojo tinto de su patio.

A 5 min a pie y nacido como Cine Pathè en la década de 1930, el que más tarde se convirtió en el **Teatro Góngora** (📞957 480 237; www.teatrocordoba.es; c. Jesús y María, 10) tuvo un cine de verano en su azotea y, tras una larga hibernación, volvió a abrir sus puertas restaurado por Rafael de La-Hoz Castanys para pertenecer a la familia de los teatros públicos de la ciudad. Sobre la sala principal, con entresuelo y unas 700 localidades, se ha creado otra sala diáfana, de nombre Polifemo, donde estaba el antiguo cine de verano. Un cubo de uso polivalente y perfecta sede, entre otras actividades, para el *off* Córdoba. En el teatro Góngora y en su sala Polifemo se programa el teatro, los conciertos o la danza dirigida a un público específico y especializado.

disfrutar, además de tratamientos, rituales de belleza y masajes. Todo ello se puede disfrutar sin estar alojado en el hotel, pero con reserva previa. (📞957 498 993; www.hospes.com/palacio-bailio; c. Ramírez de las Casas Deza, 10-12)

Long Rock
SALA DE CONCIERTOS

16 ⭐ PLANO P. 114, B4

Sala referente en la ciudad para los grandes fans del *rock* y del pop nacional e internacional. En las paredes de este amplio local con escenario y cuidada decoración están presentes las grandes estrellas de la música y hasta un Cadillac colgado del techo. Rinde tributo a las mejores bandas de las últimas décadas invitando al personal a bailar y cantar durante toda la noche mientras en sus pantallas se pueden ver los videoclips de todas las canciones que suenan. (📞636 90 99 78; long rock.es/cordoba; c. Historiador Díaz del Moral, 3; 🕐22.00-hasta tarde lu-sa)

De compras

Luque

LIBRERÍA

17 🔒 PLANO P. 114, A2

Marca centenaria de la ciudad, aunque por desgracia ya no conserve ninguno de sus locales antiguos. Esta librería generalista ofrece de todo gracias a un fondo que abarca un gran abanico de materias: narrativa, poesía y teatro, infantil-juvenil, turismo y viajes, humanidades, técnicas, etc., destacando entre ellas las secciones de temas sobre Córdoba y Andalucía, cartografía y también un rincón para la escritura. (📞957 498333; www.librerialuque.es; c. de Fr. Luis de Granada, 11; 🕙10.00-13.45 y 17.15-20.45 lu-vi, 10.00-13.45 sa)

Ostin Macho

CONCEPT STORE

18 🔒 PLANO P. 114, A4

Ilustración, libros, papelería creativa, diseño de autor, regalos originales... todo ello en un encantador espacio. Se puede encontrar una buena selección de productos en esta tienda conceptual con nombre de expresión popular muy cordobesa, en la que los propietarios ponen todo el cariño en lo que hacen, así como en los objetos que venden. (📞957 942 055; https://ostin-macho.myshopify. com/; c. Duque de Fernán Núñez, 1; 🕙10.30-13.30 y 17.30-20.30 lu-vi, 11.00-14.00 sa)

Rusi

SOMBRERERÍA

19 🔒 PLANO P. 114, D5

Tienda inaugurada en 1903 y que cuenta con fábrica propia. Su parte más antigua, situada frente a la cuesta de Luján, conserva ese sabor de principios del s. xx. Fieles al oficio, en la actualidad los herederos de aquellos comerciantes y artesanos continúan manteniendo la tradición aprendida en la elaboración de cada sombrero, tal como se hacía antaño, seleccionando materias primas de calidad, con cascos de fieltro de pelo de liebre o conejo y artesanía hecha sombrero a sombrero. (📞957 477 953; www.rusiherederos.com; c. Conde de Cárdenas, 1; 🕙10.00-13.30 y 17.30-20.30 lu-vi, 10.00-13.30 sa)

Silbón

SASTRERÍA Y MODA

20 🔒 PLANO P. 114, C3

Este sueño empresarial de dos cordobeses, que se inició como un *showroom* de moda masculina en el piso de la abuela de uno de ellos, cuenta con presencia, más de una década después, en multitud de ciudades españolas y *corners,* además de haber logrado dar el salto internacional con la apertura de dos tiendas en París. La nave nodriza se encuentra situada en el corazón de Córdoba, en el local de un edificio diseñado por Rafael de La-Hoz. Se trata de una tienda insignia con una superficie

Teatro Góngora.

de más de 500 m² y equipada también con *fun zone.* La marca se encarga de vestir fuera del campo a los equipos de fútbol de la Real Sociedad y Real Valladolid, además de, cómo no, al Córdoba Club de Fútbol. Asimismo, cuenta con un **'outlet'** que se encuentra situado a las afueras de la ciudad, en el polígono de Chinales. (☎957 941 703; silbonshop.com; c. Cruz Conde, 13; ⏱10.00-21.00 lu-sa)

Crash Comic CÓMICS, JUEGOS

21 🔒 PLANO P. 114, A4

Especializada en cómics y juegos de mesa, esta tienda es todo un referente en Córdoba para los aficionados al manga, los superhéroes, el cómic europeo y los juegos de mesa, y para los amantes del *merchandising* de sus series, películas, cómics y videojuegos favoritos. Su papel ha sido destacable en la asociación Jugamos Todos, que organiza un exitoso festival internacional de juegos cada año en la capital. (☎957 481 395; www. crashcomics.es; c. Duque de Fernán Núñez, 2; ⏱10.30-13.45 y 17.30-20.45 lu-sa)

Circuito a pie 🥾

La Córdoba de los siglos XX y XXI

En Córdoba no todo es deslumbrante pasado. La ciudad contemporánea sorprende por las esenciales huellas que han dejado en arquitectura y artes plásticas quienes han sido los motores de su inevitable modernidad: Rafael de La-Hoz, Equipo 57 y Pepe Espaliú. Un patrimonio moderno a la altura del histórico que merece, además de protección y visibilidad, una visita.

Datos

Inicio Parque Figueroa;
🚌 9, 4

Final C3A; 🚌 12, 14

Distancia 3,7 km; 4 h

❶ Parque Figueroa

Rafael de La-Hoz fue uno de los grandes arquitectos del s. XX y dejó las primeras obras de modernidad en Córdoba. Uno de sus principios fue "la ordenación del espacio para la felicidad del hombre", como refleja esta barriada geométrica de finales de la década de 1960, todo un programa urbanístico destinado a potenciar la vida comunitaria en un barrio alejado del centro. (🚌 9, 4)

❷ Antigua Facultad de Veterinaria

El edificio que hoy ocupa el Rectorado de la Universidad de Córdoba fue la primera facultad de la ciudad, construida en la década de 1930. De estilo regionalista cordobés, entre sus leyendas destaca la que habla de un programa iconográfico masón en los símbolos de su fachada. En las obras del Rectorado fue descubierto el anfiteatro romano de Corduba, considerado el mayor de toda la Hispania romana.

❸ Cámara de Comercio

Este reducido edificio de principios de la década de 1950 es una de las joyas arquitectónicas contemporáneas de la ciudad. Proyectado por Rafael de La-Hoz, Jorge Oteiza es autor del relieve de su fachada y del mostrador y la escultura de su sinuoso vestíbulo. La escalera helicoidal, los colores, las texturas en sus materiales y el juego de luces ofrecen una obra de arte total, incluido el mobiliario. (c. Pérez de Castro, 1; 🕗 8.30-15.00 lu-vi)

❹ Centro de Arte Pepe Espaliú

Situado en una casa-patio del s. XVIII, este centro se dedica al artista contemporáneo cordobés más universal. Casi 40 obras de Pepe Espaliú (1955-1993), más su biblioteca y archivo personal, ocupan este espacio que homenajea al artista que puso el sida en el centro del arte. (c. Rey Heredia, 1; entrada gratis; 🕗 17.00-21.00 ma-sa, 10.00-14.00 y 17.00-21.00 sa, 10.00-14.00 do)

❺ 'Salam'

Equipo 57 ha sido el único grupo de vanguardia con proyección internacional arraigado en Córdoba. Con artistas plásticos y diseñadores, su núcleo volvió a reunirse en el 2003 para donar esta escultura a la ciudad. En plena guerra de Irak decidieron gritar su artístico "no a la guerra" con una gran caligrafía de metal, una escultura que evoca la paz desde el parque de Miraflores.

❻ Centro de Creación Contemporánea de Andalucía (C3A)

En el Campo de la Verdad emerge esta colmena blanca en la que tienen cabida todas las fases del proceso creativo. Un lugar que intenta acercar el arte contemporáneo a todo el mundo. Por la noche, no hay que perderse su fachada mediática, que mira al río. (📞 697 104 160; www.c3a.es; c. Carmen Olmedo Checa s/n; entrada gratis; 🕗 11.00-20.00 ma-sa, 11.00-15.00 do)

Explorar

Medina Azahara y la sierra

La desconocida sierra sobre la que Córdoba recorta su silueta está a tan solo diez minutos en coche del casco urbano. A sus cimas también se llega andando o en bici. Al caminante le espera un patrimonio natural lleno de color y vida, con paisajes inesperados de bosque mediterráneo, sotos más propios del norte, arroyos en galería o dehesas con un elevado valor botánico y poético.

Lo esencial

○ **Medina Azahara (p. 128)** Los restos de la ciudad califal emergen igual que un libro abierto para desvelar cómo fue la corte andalusí del s. x en una de las grandes capitales de aquel mundo.

○ **El Bejarano (p. 134)** La ruta por el arroyo de este nombre es la más representativa, mágica y de mayor valor medioambiental de los tesoros que esconde la sierra cordobesa.

○ **San Jerónimo de Valparaíso (p. 133)** Imponente palacio y antiguo monasterio construido con materiales de Medina Azahara. Solo puede visitarse una vez al año, en otoño.

○ **Las Ermitas (p. 134)** Complejo histórico dedicado a la contemplación en relación con la naturaleza desde cuyo Balcón del Mundo se otea el horizonte sur hasta Sierra Nevada.

Cómo llegar y desplazarse

Véase recuadro en p. 130.

Plano de la zona en p. 132.

Ruinas de Medina Azahara. HANS GEEL/SHUTTERSTOCK ©

Las mejores experiencias

Viajar en el tiempo en Medina Azahara

Declarada Patrimonio Mundial por la Unesco, la historia de este conjunto arqueológico comienza con Abderramán III y su decisión de construir, entre 936 y 976, una ciudad palatina que aglutinase las labores administrativas y residenciales del califato omeya. No hubo urbe en el s. X que pudiera eclipsar esta "ciudad brillante" que al rayar el s. XI fue saqueada por los integristas almorávides.

◉ PLANO P. 132, C4

www. medinaazahara.org
ctra. Palma del Río, km 5,5
adultos/ciudadanos UE
1,50 €/gratis

🕐 9.00-18.00 ma-sa 9.00-15.00
do ene-may y oct-dic, 9.00-21.00
ma-sa 9.00-15.00 do abr-jun

🚍 bus desde Glorieta de la Cruz Roja; 9 € ida y vuelta.

La "ciudad brillante"

La historia, la leyenda y el arte conviven en la que fue ciudad palatina del primer califa omeya, Abderramán III, y de su hijo, Al Hakam II. Los restos arqueológicos en las tres terrazas escalonadas que ocupaba la ciudad guardan partes del Alcázar Califal (Dar al-Mulk), sede de la corte, y de los edificios públicos que hicieron del lugar centro administrativo del califato, así como arriates y jardines. Su propósito fue convertirse en el gran escenario de la representación de un poder califal de talla internacional.

Centro de Recepción de Visitantes

Minimalista y geométrico, la primera parada se realiza en este elegante edificio semienterrado en honor a la arqueología situado a 2 km del conjunto arqueológico. En su interior tiene lugar todo lo necesario para entender la visita posterior: un audiovisual sobre la vida en la ciudad palatina, los impresionantes almacenes y los talleres de restauración de atauriques y mármoles, visibles a través de grandes cristaleras, y un museo con algunas de las piezas más importantes del arte andalusí, como el cervatillo de bronce o una réplica de la cajita de Wallada. El edificio fue reconocido con el Premio Aga Khan de Arquitectura en el 2010.

La arqueología de una ciudad efímera

Medina Azahara es el mayor yacimiento arqueológico de España, 113 Ha de superficie amurallada que tuvo una vida breve en uso, alrededor de 75 años. La inexistencia de asentamientos posteriores en el lugar han hecho posible que se conserve un urbanismo de tipo califal sin distorsiones. En las terrazas superiores se ubicaban el alcázar y las dependencias de gobierno, y en la inferior, la medina, con los zocos, talleres, la casa de la moneda y las viviendas de servidores y artesanos. La mezquita ocupaba una posición intermedia.

★ **Consejos**

o Llevar calzado cómodo para una visita que dura al menos 2½ h y que tiene bajadas y subidas en el conjunto arqueológico.

o En invierno conviene abrigarse y en verano cubrirse la cabeza. El clima continental de Córdoba va de un extremo a otro en ambas estaciones.

o Si se tienen problemas de movilidad, solo es accesible un 3% de Medina Azahara.

o En verano conviene no perderse la mágica visita nocturna. Algunas son teatralizadas.

✕ **Una pausa**

Cafetería del Centro de Recepción de Visitantes
(📞 957 058 002; mismo horario que el conjunto arqueológico) Menús, *pizzas* y sándwiches en el único lugar para comer de los alrededores. Cuenta con un agradable patio-jardín.

Cómo llegar

Medina Azahara está unos 8 km al oeste de Córdoba, en Sierra Morena, sobre un espolón en la ladera del Yabal al-Arus, frente al valle del Guadalquivir. Para acceder es necesario desplazarse en vehículo hasta su Centro de Recepción de Visitantes (CRV). Una vez allí, tras realizar la visita a esta primera etapa en el centro-museo, para llegar al yacimiento, que se encuentra a 2 km, hay que tomar el bus lanzadera, único medio de transporte autorizado en el recinto, que sale cada 20 min (adultos/niños 2,50/1,50 €). El transporte urbano de Córdoba no llega hasta Medina Azahara. Solo un autobús turístico ofrece el servicio hasta el CRV. Sale de Córdoba de martes a domingo a las 10.00 y 10.45, con salida desde Glorieta de la Cruz Roja (paseo de la Victoria) o frente al Mercado Victoria. Cuesta 9 € ida y vuelta con el bus lanzadera incluido y da un plazo de unas 2 h para visitar el conjunto arqueológico. Hay que reservar el día anterior en la oficina de turismo (muchos hoteles también aceptan reservas). A la sierra de Córdoba por su parte oriental va la línea T de Aucorsa, que llega hasta la barriada de Trassierra, con salidas desde Córdoba de 7.15 a 21.15 y desde Trassierra de 7.55 a 21.55 cada 3 h aproximadamente. El CRV está bien conectado con Córdoba por un carril bici paralelo a la ctra. A-431 que enlaza con Medina Azahara y junto al camino conocido como "Camino del Canal", con espléndidas vistas de Sierra Morena.

Salón basilical

También conocido como casa del Ejército (Dar al-Yund), sería el lugar de espera de las personas que iban a ser recibidas por el califa y al que se llegaba atravesando el gran pórtico oriental. Allí estarían ubicadas las oficinas de dos importantes personajes: Ziyah ibn Affah, caballerizo mayor, y el general Galib. Delante de su pórtico, lo que hoy es un jardín fue una gran plaza.

Casa de Ya'far

Ya'far fue primer ministro del estado califal de los omeyas durante el mandato de Al Hakam II y su vivienda en Medina Azahara corresponde a la de un alto dignatario de la corte. La residencia incluye un salón de recepciones, espacio público de trabajo, estancias privadas y habitaciones del servicio, además del Patio de los Pilares, con losas de caliza violácea que se sitúa en pleno centro del conjunto arqueológico.

Mezquita

Se cuenta que se construyó en solo 48 días y que en ella trabajaron un millar de hombres. De su planta se perciben sus cinco naves, un patio con losas de mármol y un manantial; tuvo un alminar que sirvió

"Córdoba la vieja"

Medina Azahara fue borrada del mapa en el s. XI y no fue hasta el s. XVI cuando el historiador y cronista de Felipe II, Ambrosio de Morales, dejó documentados sus restos. Erró al creer que pertenecían a la primera Corduba romana fundada por Claudio Marcelo, por lo que el lugar fue conocido hasta el s. XIX como "Córdoba la vieja", sirviendo de cantera de materiales de construcción para palacios y templos de la ciudad. Esta es una de las causas por las que Córdoba está sembrada de restos arqueológicos esparcidos por patios, esquinas, calles y plazas. El expolio también llegó hasta la Giralda de Sevilla: en su fachada hay más de un centenar de capiteles de la "ciudad brillante", aunque la huella de Medina Azahara se encuentra repartida por todo el planeta. Grandes museos guardan sus ajuares, sus trabajos de marfil, sus capiteles de avispero, sus bronces y sus estatuillas de fuente, aunque muchos otros restos desaparecidos surgen por arte de magia en alguna famosa casa de subastas.

de inspiración al de la mezquita alhama cordobesa.

Salón Rico

También llamado de Abderramán III y destinado a las recepciones de embajadores y a actos solemnes, se levantó con mármol, alabastro y cerámica. Con una asombrosa riqueza decorativa en arcos y zócalos revestidos de mármoles labrados con delicados motivos vegetales, el espacio fue pura fantasía para impresionar a quien llegaba a la ciudad para recibir audiencia.

Las leyendas de Medina Azahara

La más extendida asegura que la ciudad fue levantada en honor de la favorita del califa, Azahara "la Flor", una fantasía que los investigadores e historiadores desmienten. Los cronistas árabes exageraron sobre las miles de puertas de la ciudad, sus más de 4 000 columnas, los 10 000 operarios y 400 camellos que trabajaron en ella y sobre la estatua de una mujer que recibía en su arco de entrada. Más tarde, la literatura romántica idealizó y falseó el origen de la ciudad. La leyenda más poética asegura que el califa tuvo la intención de sembrar almendros en los montes cercanos para que, al florecer en primavera, el paisaje se asemejara al de los montes nevados de Granada.

Córdoba

EL CARMEN

SAN RAFAEL
DE LA ALBAIDA

EL NARANJO 6 ✖

EL PATRIARCA

EL BRILLANTE 9 ✖

SAN JERÓNIMO 10

12

Las Ermitas 2

Ctra. Villaviciosa

Barrionuevo

Arroyo Santo Domingo

N-432

CO-3408

Las
Porradas

Sierra de Córdoba

Parque
Forestal
de los Villares

Cerro de
Pedro López

Los Arenales

Ctra.-Villaviciosa 8 ✖

Embalse de
la Encantada

CO-3405

El Desierto

Melgarejo

Cerro Alto
de la Torrecilla

CO-3314

Piedrahita

CO-3402

San Jerónimo
de Valparaíso

Ctra. de Trassierra

1 ● Medina Azahara ●

Río Guadiato

Puente de
los Arenales 3

Vado
del Negro

Las Solanas
del Pilar

Quiñones

El Caño

CO-3402

Trassierra 5 ✖

11 ✖

Río Guadiato

Cerro
del León

Los Llanos
de Arjona

Santa María
de Trassierra

El Salado

Embalse de
la Jarosa

Ctra. de Trassierra

Castañar
de Valdelejas 4 ●

La Cebadera

CO-3402

3 km

N 0

Reseñas en:

● Principales
puntos de interés p. 128
● Puntos de interés p. 133
✖ Dónde comer p. 136
🍷 Dónde beber p. 137

La Huesa

F E D C B A

1 2 3 4

1 2 3 4

Puntos de interés

San Jerónimo de Valparaíso

MONASTERIO

1 👁 **PLANO P. 132, C4**

Fundado a principios del s. XV, este monasterio obtuvo privilegio real para usar en su construcción materiales procedentes de Medina Azahara (entonces conocida como "Córdoba la vieja"). Sus valores arquitectónicos y paisajísticos ofrecen una hermosa panorámica del valle del Guadalquivir, con el conjunto arqueológico en primer plano y la capital cordobesa al fondo. Tras su desamortización en 1835, el antiguo monasterio es hoy palacio propiedad de los marqueses del Mérito, quienes han realizado labores de restauración durante varias generaciones. No está abierto al público, aunque al ser un Bien de Interés Cultural se organizan varias visitas guiadas al año, normalmente en otoño (www.juntadeandalucia.es/cultura/agendaculturaldeandalucia/). Aunque no se tenga la suerte de coincidir con alguna de estas visitas, merece la pena subir desde Medina Azahara (a poco más de 1 km) para contemplar su fachada y transitar el antiguo camino de acceso al monasterio. Grandes cipreses a ambos lados acompañan al caminante en una ruta que fue desde muy antiguo recorrida por monjes, eremitas y campesinos para subir a la sierra, tal y como lo atestigua el monolito que se encuentra a la entrada de este camino.

Monasterio de San Jerónimo de Valparaíso.

STU.DIO/SHUTTERSTOCK ©

Ruta por el arroyo del Bejarano y los Baños de Popea

Acueductos y calzadas romanas, restos de almunias y de molinos árabes, frondosos arroyos, bosques en galería y un paisaje con una profunda huella histórica y literaria: esta ruta es la más representativa, mágica y de mayor valor medioambiental de los tesoros que esconde la sierra cordobesa. Es circular y comienza por una pista de tierra que hay cerca de unas parcelas de la Finca del Caño. En la ruta se pasa por la fuente del Elefante, réplica del surtidor de época califal que aquí se encontró, por los restos del acueducto romano de Valdepuentes, por las cascadas de los veneros del Bejarano y por los conocidos popularmente como Baños de Popea, nombre que le dio a esta piscina natural el grupo poético Cántico. Hay bosque mediterráneo, rica y variada fauna en esta zona de paso del lince ibérico y un genuino ecosistema de interés botánico con arce de Montpellier, quejigos y sauces en algunas zonas (distancia 15,5 km, 5 h 20 min; inicio/final: km 13 CP-21 Córdoba-Trassierra; dificultad baja; 🚍T)

Las Ermitas
PARAJE

 2 🎯 PLANO P. 132, E3

La espiritualidad y la relación de Córdoba con su sierra tienen su mayor expresión en este lugar de retiro y soledades cuyas noticias más antiguas son del s. VI, aunque la construcción que sigue en pie es de 1699. En el llamado Desierto de Nuestra Señora de Belén se hallan diseminadas 12 humildes ermitas dedicadas a la contemplación y a la relación con la naturaleza. Hoy aún habitan allí carmelitas descalzos y dos de ellas son visitables, la del Hermano Portero y la de María Magdalena. En el complejo también se puede visitar su iglesia, pasear por el idílico lugar o leer sus inscripciones; la más famosa está al final del paseo de cipreses y bajo una calavera: "Como te ves yo me vi / como me ves te verás. / Todo para en esto aquí / piénsalo y no pecarás". La guinda a la visita la pone asomarse al Balcón del Mundo, un magnífico mirador sobre la campiña cordobesa que en los días claros permite distinguir el horizonte de Sierra Nevada. Está presidido por un enorme Sagrado Corazón cuya iluminación nocturna lo hace visible desde Córdoba. Solo se puede llegar en coche o a pie y se aconseja subir andando desde la ciudad por la cuesta del Reventón, accediendo por la ctra. de las Ermitas en una ruta de 5 km. (📞957 266 607/049 568; www.amigosdelasermitas.es; adultos/niños 1,50/0,70 €; 🕐10.00-13.30 ma-do)

Ruta de los Puentes SENDERISMO

3 ⊙ PLANO P. 132, C1

Este precioso paseo por la orilla del río Guadiato, uno de los principales afluentes del Guadalquivir, fue una de las vías romanas de comunicación más importantes de la provincia. Conocido en el pasado como Camino de las Diligencias, también fue la ruta árabe yadda que unía Córdoba con Badajoz. En este camino puede verse un puente de cuatro ojos del s. I en muy buen estado, que salva el río Guadalnuño antes de desembocar en el Guadiato; cruzarlo pisando sus piedras cargadas de historia resulta emocionante. Más adelante, siguiendo el sendero, se contempla la romántica silueta de los restos de un puente de época califal, datado en el s. X y conocido como Puente Roto, uno de los lugares secretos de la arquitectura hidráulica islámica. Tras cruzar el río aparece una de las más bellas estampas de la sierra, con una amplia panorámica y con la grandiosidad de los saltos de agua que horadan la roca formando grandes pozas en un paisaje salvaje. Al valor histórico y arqueológico de esta ruta se une su gran interés botánico y faunístico. (distancia 6 km, 2½ h; inicio/final: puente de los Arenales, ctra. de Villaviciosa C-410; dificultad baja/media)

Ruta del Castañar de Valdejetas SENDERISMO

4 ⊙ PLANO P. 132, A2

Desde la barriada de Santa María de Trassierra parte esta inesperada ruta, ya que su aspecto y frondosidad parecen más nórdicas que de un ecosistema típicamente mediterráneo. Tras caminar entre eucaliptos, alcornoques y quejigos, se llega al impresionante Castañar de Valdejetas, un extenso bosque de castaños combinado con el bosque mediterráneo de pinos, encinas y jaras, entre otros. Es un lugar lleno de encanto y valor, con árboles que se entrelazan a lo largo del camino creando arcos de vegetación. El momento más hermoso del año para recorrerlo es en otoño por sus colores y hojas en el suelo. Se pasa junto al Cortijo de Valdejetas y, tras atravesar un olivar, el caminante de nuevo se sumerge en el esplendor otoñal de otro castañar, esta vez el de Lo Prado. Se puede volver o seguir esta ruta circular de nuevo hasta Trassierra por el Cortijo de la Porrada Nueva, desde donde

Río Guadiato.

JAVI TORRES/SHUTTERSTOCK ©

se alcanzan vistas del valle con el **castillo de Almodóvar** al fondo, célebre por ser Altojardín en *Juego de tronos*. (distancia 11,5 km, 4½ h; inicio/final Santa María de Trassierra; dificultad baja; 🚐T)

Dónde comer

KalmaChicha COMIDA CALLEJERA €

5 🍴 PLANO P. 132, C4

Food trucks, terraza y salón se combinan en este establecimiento en el cruce de Trassierra, junto a la gasolinera. Hay ambientazo, buena música y comida callejera natural en la que brillan las hamburguesas de vaca, de buey, de retinta o Angus sin que falten las *veggies*. También tienen *pizzas* artesanas, comida *tex-mex* y, como manda la tradición en estos establecimientos de la sierra, lechón ibérico crujiente del valle de los Pedroches. (📞722 349 726; urbanización Cruce 9K; ⏰desayuno, almuerzo y cena ma-do verano; fines de semana invierno; 🚐T)

ReComiendo COMIDA POWER €€€

6 🍴 PLANO P. 132, F3

Traspasar la puerta de este restaurante es entrar en el parque de atracciones de Periko Ortega. Una fiesta en sus platos bañados por un tono de recuerdos de la infancia feliz. Aquí encontraremos comida 'power', como la definen, con seis menús a elegir –Perikadas, Recomiendo, Power, más estos con sus armonías u otro que une platos con canciones– y guiños a los abuelos, a las vacaciones de verano o a las meriendas de la década de 1980 en platos muy coloristas, creativos y divertidos realizados para el disfrute sensorial, Y es que saborear los recuerdos nunca fue tan explosivo. (📞957 107 351; www. recomiendopower.com; c. Mirto, 7; ⏰almuerzo y cena ma-sa)

Los Arenales RESTAURANTE SERRANO €

7 🍴 PLANO P. 132, C1

Restaurante especializado en carne de monte, paellas y comida casera. Su terraza se encuentra enclavada en un ecosistema de gran belleza a orillas del río Guadiato. Abierto desde 1960, toma su nombre del puente en el que se halla. (📞647 919 533; CO-3405, puente de los Arenales; ⏰almuerzo y cena mi-do)

La Jaras Casa Pepe ANDALUZA €

8 🍴 PLANO P. 132, D1

Restaurante familiar en la urbanización de Las Jaras, cerca de la laguna Encantada. No falta nada en su carta: ni comida casera, ni carne de monte, ni carnes a la parrilla, además de las raciones cordobesas por excelencia. En su terraza y con su marco incomparable en el corazón de la sierra da gusto estar. (📞957 739 050; Av. Laguna Encantada, urbanización Las Jaras; ⏰almuerzo y cena lu-do)

Finca Los Abetos BARBACOA €€

9 🍴 PLANO P. 132, F3

En el estupendo jardín de una gran casona roja clavada en las faldas de la sierra, el restaurante de este tranquilo hotel ofrece un amplio abanico de platos típicos de la tierra, desde el salmorejo hasta el flamenquín cordobés y platos de inspiración mediterránea, todo rodeado de naturaleza. También tienen *food truck* donde se sirven deliciosas hamburguesas y una barbacoa con carnes espectaculares. (📞957 282 175; www.hotelabetos.com; av. de San José de Calasanz, km 2; 🕐almuerzo y cena lu-do)

Brote

ASADOR €€

10 🍴 PLANO P. 132, E4

Productos de alta calidad en un restaurante donde el cochinillo es la estrella. Cortado con plato, como manda la tradición, se puede degustar entero o a cuartos, perfecto para dos personas. Cochinillo aparte, sus mariscos, ibéricos, verduras y pescados son comparables a su plato más famoso. Muy buen producto en una excelente cocina donde el comensal debe hacer hueco al postre, ya que su repostería es sencillamente deliciosa. (📞674 67 08 98; brote.es; ctra. de Trassierra, 47; 🕐primavera-verano: almuerzo y cena ma-sa, almuerzo do; otoño-invierno: almuerzo ma-do).

Los Almendros

RESTAURANTE/HALAL €€

11 🍴 PLANO P. 132, C4

Cerca de Medina Azahara y en el camino hacia Trassierra, el restaurante Los Almendros es un clásico de la sierra cordobesa. Lugar familiar con amplia terraza, espacio para juegos y homenaje a los arcos de la mezquita en su interior, su amplia y variada carta viaja de la suculenta carne a la brasa a los platos halal. Ofrecen presa, lagarto o abanico ibérico, chuletón de vaca, migas camperas, judiones con manitas de cerdo, canelones de jabalí (en temporada), hamburguesas y pescados. Asimismo, mira hacia algunas recetas más cosmopolitas como lagrimitas de seta *shiitake*, *pastela* de pollo y verduras al estilo marroquí o tacos de venado en salsa de almendras y setas, que es el plato especialidad de la casa. (📞957 33 00 00; restaurantelosalmendros.com; ctra. Sta. María de Trassierra, km 8; 🕐almuerzos de ma-do)

Dónde beber

Terraza del Parador La Arruzafa

BAR PANORÁMICO

12 🚇 PLANO P. 132, E3

Una de las mejores y más agradables terrazas del lugar para tomar un café, un vino o una copa y ver el atardecer sobre Córdoba y la campiña. Se encuentra derramada sobre un jardín de naranjos y palmeras que baja hasta la piscina, la mejor de la ciudad y abierta también al público no alojado en el parador. El nombre de este lugar homenajea a al-Rusafa, la almunia de recreo del primer emir cordobés, Abderramán I, aún no encontrada, aunque todas las hipótesis arqueológicas apuntan a que se hallaba en algún lugar como este de las estribaciones de Sierra Morena. (📞957 27 59 00; av. de la Arruzafa, 37; 🚌10, 13)

Guía práctica

Vista aérea de la ciudad con la Mezquita-Catedral en primer plano.
SONGQUAN DENG/SHUTTERSTOCK

Antes de partir

Webs útiles

◦ **Turismo Córdoba** (www.turismodecordoba. org) Información completa y útil para hacer turismo en la ciudad y la provincia.

◦ **Patronato Provincial de Turismo** (cordobaturismo.es) Información sobre la ciudad y los pueblos de la provincia.

◦ **Guías de Córdoba** (guiasdecordoba.es) Recomendaciones de los guías de la ciudad para planificar el viaje.

◦ **Lonely Planet** (www. lonelyplanet.es/alojamien tos) Recomendaciones y reservas.

Alojamiento
Económico

◦ **Albergue Inturjoven** (inturjoven.com) A dos pasos de la Mezquita, este albergue con parte moderna y otra construida sobre un antiguo convento ofrece variedad de opciones.

◦ **Hostería Lineros** (hosterialineros38.com)

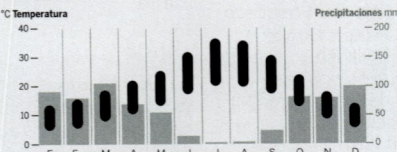

Córdoba

Cuándo ir

Invierno (dic-feb)
Noviembre y diciembre son los meses más lluviosos y enero, el más frío, con una media de 8ºC y muchos días soleados.

Primavera (mar-may)
La mejor época para visitar la ciudad, aunque en Semana Santa y en mayo las aglomeraciones están aseguradas.

Verano (jun-ago)
Las temperaturas sobrepasan los 30ºC y en julio los 40ºC. Quienes pueden abandonan la ciudad en julio y agosto.

Otoño (sep-nov)
Septiembre y octubre son una segunda primavera, los mejores meses. Puede llover, pero con temperaturas agradables.

Con decoración inspirada en *Las mil y una noches*, está muy cerca del Potro y los museos de Bellas Artes y Julio Romero de Torres.

◦ **Backpacker Al Katre** (alkatre.com) Colorido y divertido hostal localizado en una casa-patio de la Judería a un tiro de piedra de la Mezquita.

◦ **Hostel La Corredera** (hostellacorredera.com) Con casi todas las habitaciones asomándose a este espacio icónico, los huéspedes se contagian del divertido ambiente de la plaza grande.

◦ **Pensión Internacional** (pensioninternacional. es) Céntrica, con encanto y con buena relación calidad-precio, cuenta con un típico patio cordobés.

◦ **Hospedería Luis de Góngora** (hgongora.com) Está en una callejuela junto a la casa donde murió el gran poeta del Siglo de Oro.

Precio medio

◦ **Patio del Posadero** (patiodelposadero.com) Maravilloso hotel-*boutique* en una casa-patio del s. xv cercana al río, con desayunos que son de otra galaxia.

◦ **Hotel Viento 10** (hotelviento10.es) Casa de elegante diseño en el barrio de Santiago, cerca del Guadalquivir, que ofrece serenidad y donde el tiempo parece detenerse.

◦ **Casa de los Azulejos** (casadelosazulejos. com) Frondoso patio andaluz con biblioteca repleta de extrañas referencias que incluye las últimas lecturas de sus huéspedes.

◦ **NH Córdoba Guadalquivir** (nh-guadalquivir.hotels-cordoba.com/) Hotel luminoso asomado al Guadalquivir y con vistas al Puente Romano y la Mezquita.

◦ **Hotel Caireles** (hotelcaireles.com) Desde sus ventanas se pueden casi tocar los muros de la Mezquita. Gran relación ubicación-precio.

◦ **Parador de Córdoba** (parador.es/parador-de-cordoba) Conocido como La Arruzafa, la almunia de descanso de Abderramán I se situa en la falda de la sierra.

Precio alto

◦ **Hotel Madinat** (hotelmadinat.com) En el corazón de la antigua medina cordobesa, este precioso hotel ha devuelto la vida a una casa solariega de la calle Cabezas.

◦ **Palacio del Bailío** (hospes.com/palacio-bailio/) Lujo y *spa* en una gran casa declarada Bien de Interés Cultural con vestigios de una impresionante villa romana del s. i d.C. bajo su patio.

◦ **Balcón de Córdoba** (balcondecordoba.com) Pequeño hotel en torno a tres patios con espléndidas vistas a la Mezquita desde su azotea.

◦ **Eurostars Palace** (eurostarshotels.com/eurostars-palace) Conocido como "el oxidao", su personal y contemporánea silueta ofrece vistas a la Judería desde sus plantas superiores.

◦ **Palacio Colomera** (h10hotels.com) Conservando el ambiente palaciego de un edificio de la década de 1920, tiene vistas panorámicas al kilómetro 0 de la ciudad, la plaza de Las Tendillas.

◦ **Las casas de la Judería** (lascasasdelajuderiadecordoba.com) Cinco antiguas casas-palacio conforman este hotel localizado entre el Alcázar, la Sinagoga y la Mezquita.

Apartamentos para estancias cortas

◦ **La casa de la Costurera** (lacasadelacosturera.com) O la maravilla de alojarse en un patio del Alcázar Viejo.

◦ **Alberca** (albercacordoba.com) Aparta-suites en una casa señorial del s. xiv cuyo aspecto no ha variado desde el s. xix.

◦ **Casa Sirfantas** (casasirfantas.com) Con mucho gusto y autenticidad, esta casa se aparta del mundanal ruido en una calleja cercana a El Potro.

◦ **La Casa del Aceite** (micasadelaceite.com) Hermosa casa solariega con varios patios localizada entre el centro y la Judería.

◦ **Los patios de la Judería** (lospatiosdelajuderia.com) Casas rehabilitadas del s. xvii, con piscina, en el corazón de la Judería.

○ **Apartamentos La Hoguera** (apartamentos lahoguera.com). Estudios con terrazas y patios en una callejuela bajo la torre de la Mezquita.

○ **Cuevas del Pino** (cuevasdelpino.com) Remanso de calma a los pies de la sierra. Ofrece casas con encanto y una casa cueva a 15 min de la ciudad.

Cómo llegar

A-4 y AVE

Córdoba se encuentra muy bien comunicada con el resto de España a través del eje radial de la A-4. Además, la comunicación con Sevilla, Málaga, Granada, Madrid, Valencia, Alicante y Barcelona resulta especialmente cómoda a través del tren de alta velocidad (AVE). Córdoba también cuenta con aeropuerto con algunos vuelos regulares.

Cómo desplazarse

Con unas dimensiones y características de escala humana, Córdoba es ideal para recorrerla caminando. También existe una variedad de opciones, desde ecológicas a motorizadas.

Autobús urbano

La red municipal de **autobuses urbanos** (www.aucorsa.es) conectan el centro con todos los barrios de la ciudad. Hay servicios especiales a las barriadas periféricas, incluida la sierra, y **los viernes y sábados hay servicio nocturno** a partir de las 22.00. En la *app* y en la web de Aucorsa ofrecen información fiable y en tiempo real del paso de los autobuses por cada parada. (billete sencillo 1,30 €; bonobús de 10 viajes 7,20 €)

Autobús interurbano

Frente a la estación del ferrocarril se encuentra la **estación de autobuses** (estacion autobusescordoba.es), Premio Nacional de Arquitectura en el año 1999 y edificio que integra los restos arqueológicos encontrados en su solar. Desde aquí parten autobuses diarios a la provincia y al resto de España, además de contar con conexiones internacionales.

Autobús turístico

Dispone de **dos rutas turísticas** disponibles: la línea roja y la línea azul. Este bus permite subir y bajar en todas las paradas con el billete ilimitado y cuenta con audioguías en **11 idiomas**. Hay **27 paradas** en puntos de interés de la ciudad y se puede crear un itinerario propio entre las dos líneas disponibles. (city-sightseeing.com/cordoba; 🕐 9.30-18.00; desde 24 €)

Bicicleta y triciclo

Córdoba cuenta con más de 35 km de carriles bici y existen una serie de rutas para dar a conocer a dos ruedas el patrimonio de "Córdoba la llana". Varias empresas ofrecen **alquiler** (rentabikecordoba.com) o **rutas guiadas** (reveclociona.wixsite.com p. 88). Otra opción limpia es un paseo turístico en triciclo (visualaxes.com).

Motocicleta y Segway

Varias empresas alquilan motocicletas, motos eléctricas y Segways para recorrer la ciudad de forma más dinámica, entre ellas **Ruta 77** (ruta77.es), que también ofrece circuitos en moto. En **Córdoba a pie** (cordobaapie.es) y **Oway** (owaytours.com/cordoba) se pueden alquilar Segways o apuntarse a un circuito en estos vehículos eléctricos personales.

Taxi

Los taxis tienen precios razonables, con el taxímetro a la vista. Hay paradas en los principales puntos de la ciudad; hay servicio de radiotaxi las 24 h (☎957 764 444 / 957 789 789) y también

Billetes y pases

Para los autobuses urbanos, el **bonobús** de 10 viajes cuesta 7,20 € y permite hacer transbordos gratuitos en líneas metropolitanas. Se adquieren en estancos, copisterías, algunos bares, quioscos, gasolineras y puntos de información.

El **bono de los Museo Municipales** (12 €) permite visitar los cuatro monumentos y museos municipales con un descuento del 50%, que incluye el Alcázar de los Reyes Cristianos, los Baños del Alcázar Califal, el Museo Taurino y el Museo de Julio Romero de Torres. La pulsera se adquiere en los monumentos o en los puntos de información turística.

se pueden parar por la calle.

Datos prácticos

Descuentos

Pulsera Turística Monumental Con ella se pueden visitar los cuatro monumentos y museos municipales, que incluye el Alcázar de los Reyes Cristianos, los Baños del Alcázar Califal, el Museo Taurino y el Museo de Julio Romero de Torres (8,40 €; disponible en los monumentos o en los puntos de información turística).

Carnés de estudiante Descuentos o entrada gratis en algunos puntos de interés.

Carnés de jubilados y Tarjeta Andalucía Junta Sesentaycinco Descuentos o entrada gratis en algunos puntos de interés.

Dinero

○ **Moneda** Euro (€).

○ **Cajeros automáticos** Los hay en cada barrio, aunque cada vez menos; suelen cobrar una comisión a reintegros efectuados con tarjetas extranjeras.

○ **Efectivo** Los bancos y las cajas de ahorros

ofrecen las mejores tarifas; hay que presentar el DNI o el pasaporte.

○ **Tarjetas de crédito y débito** Casi todos los hoteles, restaurantes y tiendas las aceptan, quizá pidan una identificación con fotografía.

Electricidad

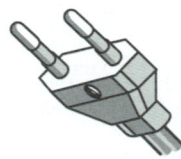

**Tipo C
220V/50Hz**

Fiestas oficiales

Muchas tiendas cierran y los lugares de interés suelen reducir sus horarios los siguientes días:

Año Nuevo 1 de enero

Reyes Magos
6 de enero

Día de Andalucía
28 de febrero

Jueves Santo
Marzo/abril

Viernes Santo
Marzo/abril

Día del Trabajo
1 de mayo

Viernes de Feria
Finales de mayo
(no es fiesta, pero como si lo fuera)

Fiesta de la Asunción 15 de agosto

La Fuensanta (fiesta local) 8 de septiembre

Día de la Hispanidad 12 de octubre

San Rafael (fiesta local) 24 de octubre

Día de Todos los Santos 1 noviembre

Día de la Constitución 6 de diciembre

Fiesta de la Inmaculada Concepción
8 de diciembre

Navidad
25 de diciembre

Horario comercial

El habitual es:

Bancos 9.00-14.00 lu-vi; algunos también 16.00-19.00 ju

Oficinas de correos 8.30-20.30 lu-vi, 9.30-13.00 sa. La oficina principal está en calle Cruz Conde, 15.

Restaurantes Almuerzo 13.00-16.00, cena 20.30-24.00

Tiendas 10.00-14.00 y 17.00-20.30

Información turística

El **Centro de Recepción de Visitantes,** en la Puerta del Puente, y el quiosco de la **plaza de Las Tendillas** y el del

Consejos para ahorrar dinero

○ Informarse de los horarios gratis de cada punto de interés (p. 29).

○ Los monumentos y museos dependientes de la Junta de Andalucía son gratuitos para los ciudadanos de la UE.

○ Las rutas verdes urbanas y por la sierra no cuestan dinero.

○ El albergue Inturjoven y los otros albergues (*hostels*) de la ciudad representan una opción de alojamiento barata.

○ Para almorzar, optar por el menú en los restaurantes o tomar tapas.

Campo de los Santos Mártires son los dos lugares presenciales donde se facilita información turística. De forma digital se puede pedir información a la carta a través de imtur@turismode cordoba.org.

Precauciones

Los pequeños delitos y los robos son un problema en cualquier ciudad; el visitante debe mostrarse siempre precavido, especialmente en sitios con aglomeraciones como las procesiones de Semana Santa, que atraen a hábiles descuideros expertos en aliviar los bolsos, pero no más que en otros destinos europeos.

Teléfono
Móviles

En algunos lugares venden tarjetas SIM locales que se pueden utilizar en teléfonos móviles de otros países. Los estadounidenses deben ajustar sus aparatos al sistema de itinerancia o comprar uno local y una tarjeta SIM. Antes de viajar conviene informarse con el operador propio sobre cómo activar la itinerancia de datos móviles.

Prefijos
Acceso internacional 📞 00

España 📞 34

Urgencias
Ambulancia y UVI móvil 📞 061

Sanidad, protección civil y seguridad ciudadana 📞 112

Bomberos 📞 112

Policía Local 📞 092

Viajeros con discapacidades

Accesibilidad Consúltese la página de Predif (Plataforma Representativa Estatal de Personas con Discapacidad Física; predif.org). La mayor parte de los autobuses urbanos y periurbanos son accesibles para personas con movilidad reducida.

Taxis accesibles (📞 957 764 444 / 957 78 97 89) y **Eurotaxi** (📞 957 32 82 04/ 676 47 66 54/eurotaxicordoba.com) Servicio de taxis adaptados a personas con necesidades especiales.

Visados

Países de la UE y del espacio Schengen No se necesita visado.

EE UU No se necesita visado para visitas turísticas de hasta 90 días.

Otros países Consúltese a la embajada o consulado español respectivo.

Precios de los restaurantes
Precios de un plato principal:

Económico €	hasta 20 €
Precio medio €€	de 20 a 30 €
Precio alto €€€	desde 30 €

Entre bastidores

Actualización y sugerencias

Si el lector encuentra cambios en los lugares descritos u otros recién inaugurados, le agradeceremos que escriba a Lonely Planet en www.lonelyplanet.com/contact/guide book_feedback/new para mejorar la próxima edición. Todos los mensajes se leen, se estudian y se verifican. Quienes escriban verán su nombre reflejado en el capítulo de agradecimientos de la siguiente edición. Determinados fragmentos de la correspondencia de los lectores podrían aparecer en nuevas ediciones de las guías Lonely Planet, en la web de Lonely Planet, así como en la información personalizada. Se ruega a todo aquel que no desee ver publicadas sus cartas ni que figure su nombre que lo haga constar.

Agradecimientos de la autora

Córdoba es el lugar de mi familia y de muchos de mis amigos, por lo que la siento como buena ciudad propia, sin la que no entendería la vida. Hay demasiada gente para agradecérselo personalmente, pero quiero expresar gracias especiales a Margot Molina y Manu J. Albert por creer en mí; gracias por su ayuda en esta guía a Miguel Cejas, José David Luna y José María García Parody. En Lonely Planet-Geoplaneta quiero agradecer a María García su complicidad y a Laura Lobo y Núria Cabrero el guiarme tan bien. Gracias a Itziar Elizondo por sus siempre sabios consejos. Y a mi familia, a Alfonso, Jota y Bruno: con todo mi amor.

Reconocimientos

Fotografía de portada: Palacio de Medina Azahara. JoseMad/Shutterstock ©

Fotografía de contraportada: calle de la Judería con la Mezquita-Catedral al fondo. essevu/Shutterstock ©

Índice

Véanse también los subíndices:

✪ **Dónde comer** p. 149

☕ **Dónde beber** p. 150

★ **Ocio** p. 150

🔒 **De compras** p. 151

Puntos de interés 000
Planos **000**

La autora

Marta Jiménez Zafra

Nacida en Córdoba, ha vivido en esta ciudad siempre. Cautivada por su proporción humana y la riqueza que emerge del subsuelo, para ella no existe mejor lugar para perderse que el casco histórico de su ciudad. Por eso no desea vivir en otro sitio, a pesar del malquerer que le produce que Córdoba no sea siempre capaz de proteger y potenciar toda la cultura, conocimiento y pensamiento que atesora. Ciudadana comprometida, esta historiadora del arte escribe de cultura en *Cordópolis*. Es coautora del *podcast* Anguita y Julio, nominado al premio García Márquez (Gabo) de periodismo iberoamericano. Además, es autora de los libros *El viaje a ninguna parte* (Almuzara), junto a Elena Medel, de *Yo, Bill Murray* (Bandaàparte), así como de la guía *Granada de cerca*, de Lonely Planet.

geoPlaneta
Av. Diagonal 662-664, 08034 Barcelona
viajeros@lonelyplanet.es
www.geoplaneta.com – www.lonelyplanet.es

Lonely Planet Global Limited
Irlanda Digital Depot, Roe Lane (off Thomas St),
Digital Hub, Dublín, D08 TCV4
www.lonelyplanet.com
Contacta con Lonely Planet en: lonelyplanet.com/contact

Córdoba De cerca
2ª edición en español – marzo del 2024
1ª edición – marzo del 2021

Editorial Planeta, S.A.
Av. Diagonal 662-664, 7º, 08034 Barcelona (España)
Con la autorización para la edición en español de
Lonely Planet Global Ltd
A.B.N. 36 005 607 983, Lonely Planet Global Limited,
Digital Depot, The Digital Hub, Dublín D08 TCV4, Irlanda

© Editorial Planeta, S.A., 2024
Texto: Marta Jiménez Zafra, 2024
Fotografías: según se relaciona en cada imagen, 2024

ISBN: 978-84-08-28097-2
Depósito legal: B. 16.355-2023
Impresión y encuadernación: Unigraf
Printed in Spain – Impreso en España

La lectura abre horizontes, iguala oportunidades y construye una sociedad mejor.

La propiedad intelectual es clave en la creación de contenidos culturales porque sostiene el ecosistema de quienes escriben y de nuestras librerías.

Al comprar este libro estarás contribuyendo a mantener dicho ecosistema vivo y en crecimiento.

En Grupo Planeta agradecemos que nos ayudes a apoyar la autonomía creativa de autoras y autores para que puedan seguir desempeñando su labor.

Dirígete a CEDRO (Centro Español de Derechos Reprográficos) si necesitas fotocopiar o escanear algún fragmento de esta obra. Puedes contactar con CEDRO a través de la web www.conlicencia.com o por teléfono en el 91 702 19 70 / 93 272 04 47.

Lonely Planet y el logotipo de Lonely Planet son marcas registradas de Lonely Planet en la Oficina de Patentes y Marcas de EE UU y otros países. Lonely Planet no autoriza el uso de ninguna de sus marcas registradas a establecimientos comerciales tales como puntos de venta, hoteles o restaurantes. Por favor, informen de cualquier uso fraudulento a www.lonelyplanet.com/legal/intellectual-property.

El papel de este libro procede de bosques gestionados de forma sostenible y de fuentes controladas.